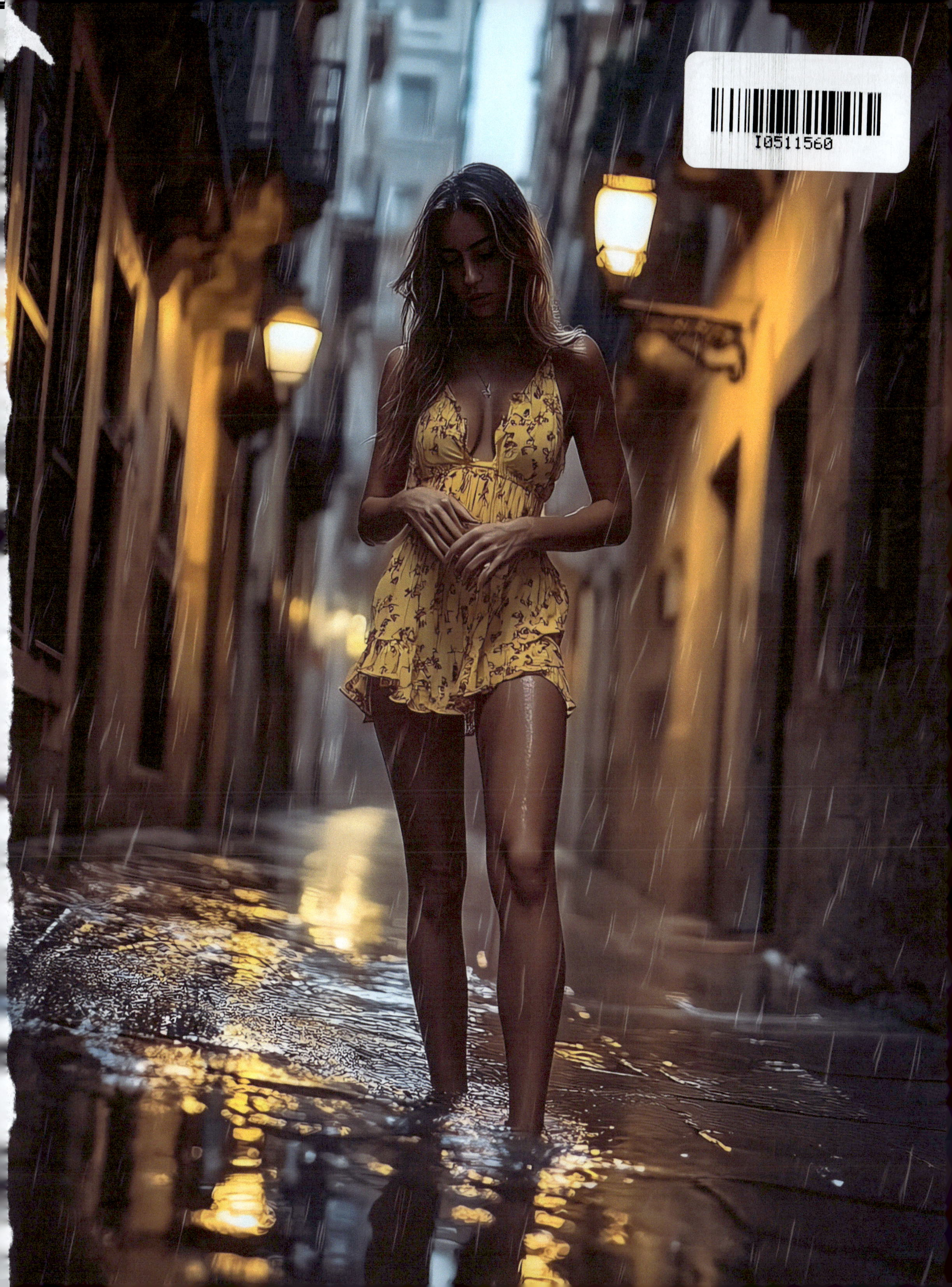

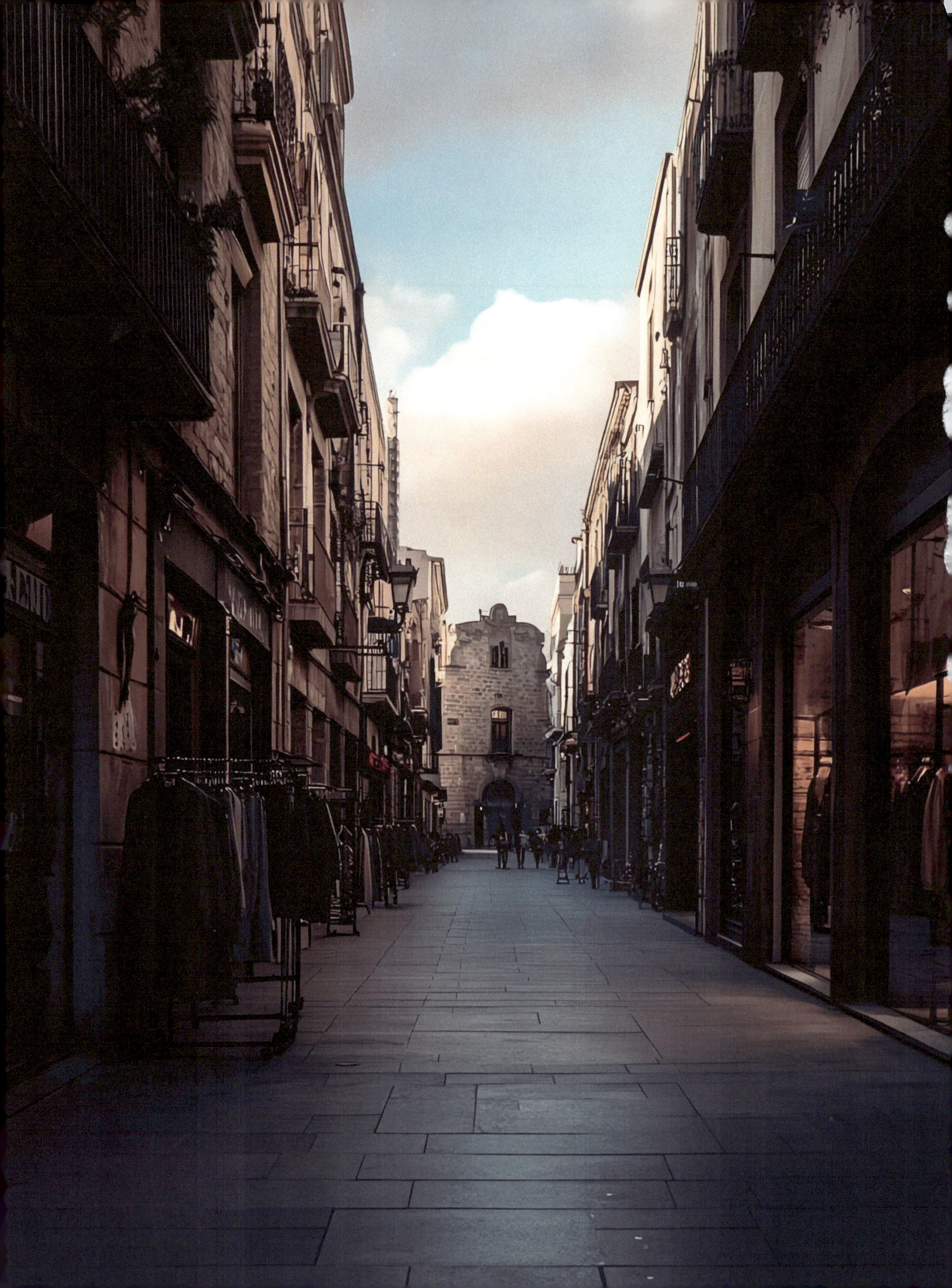

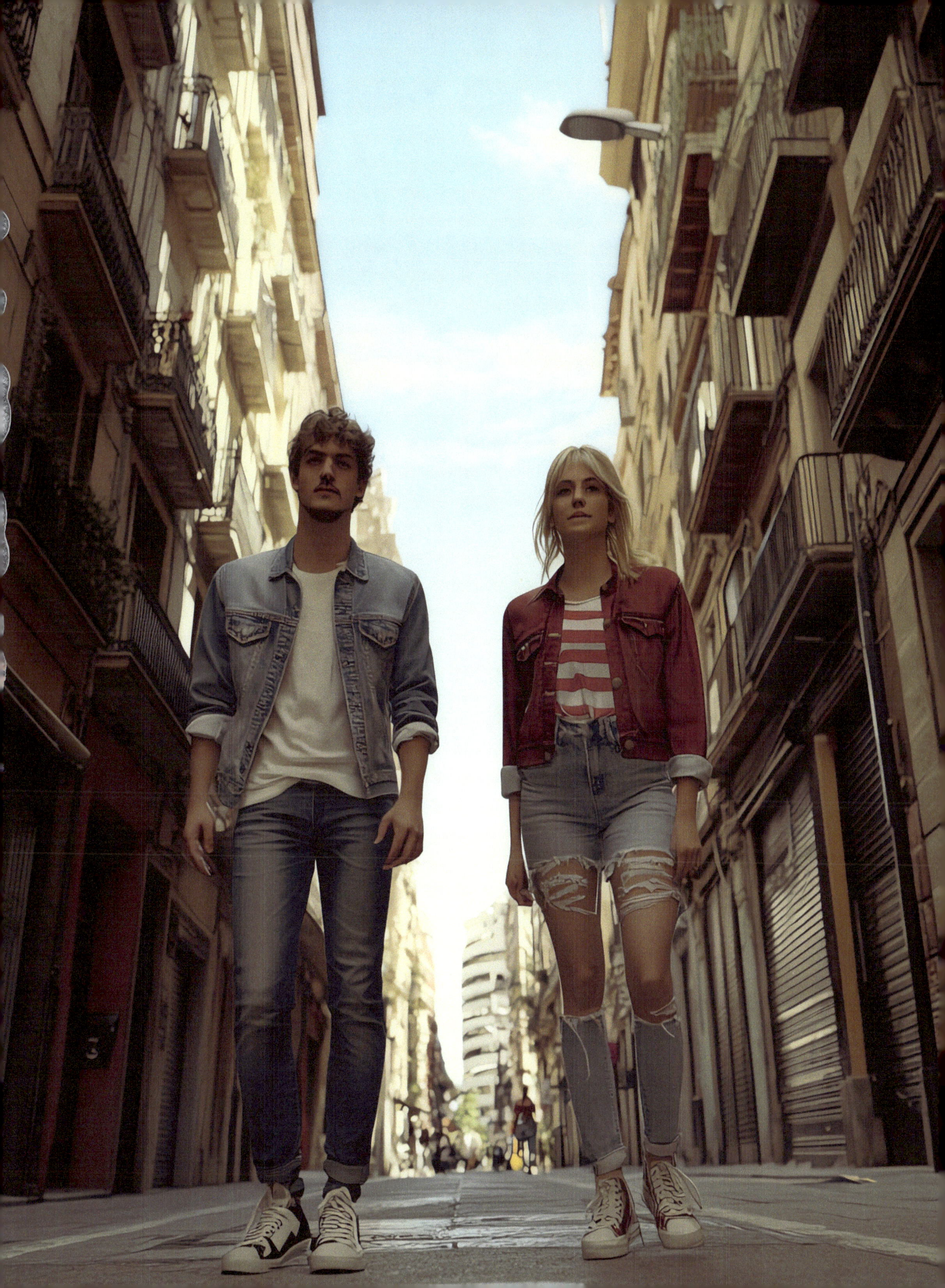

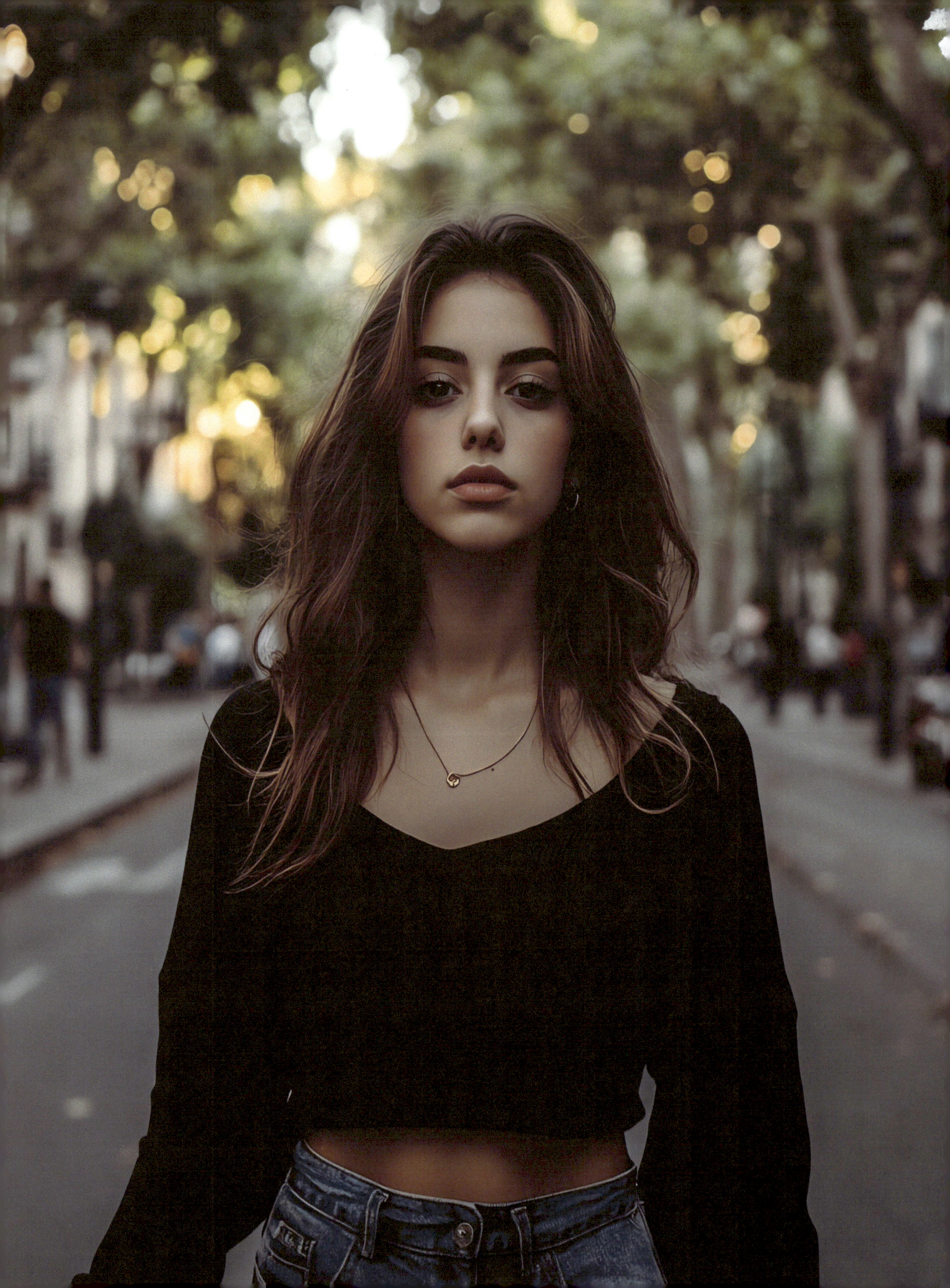

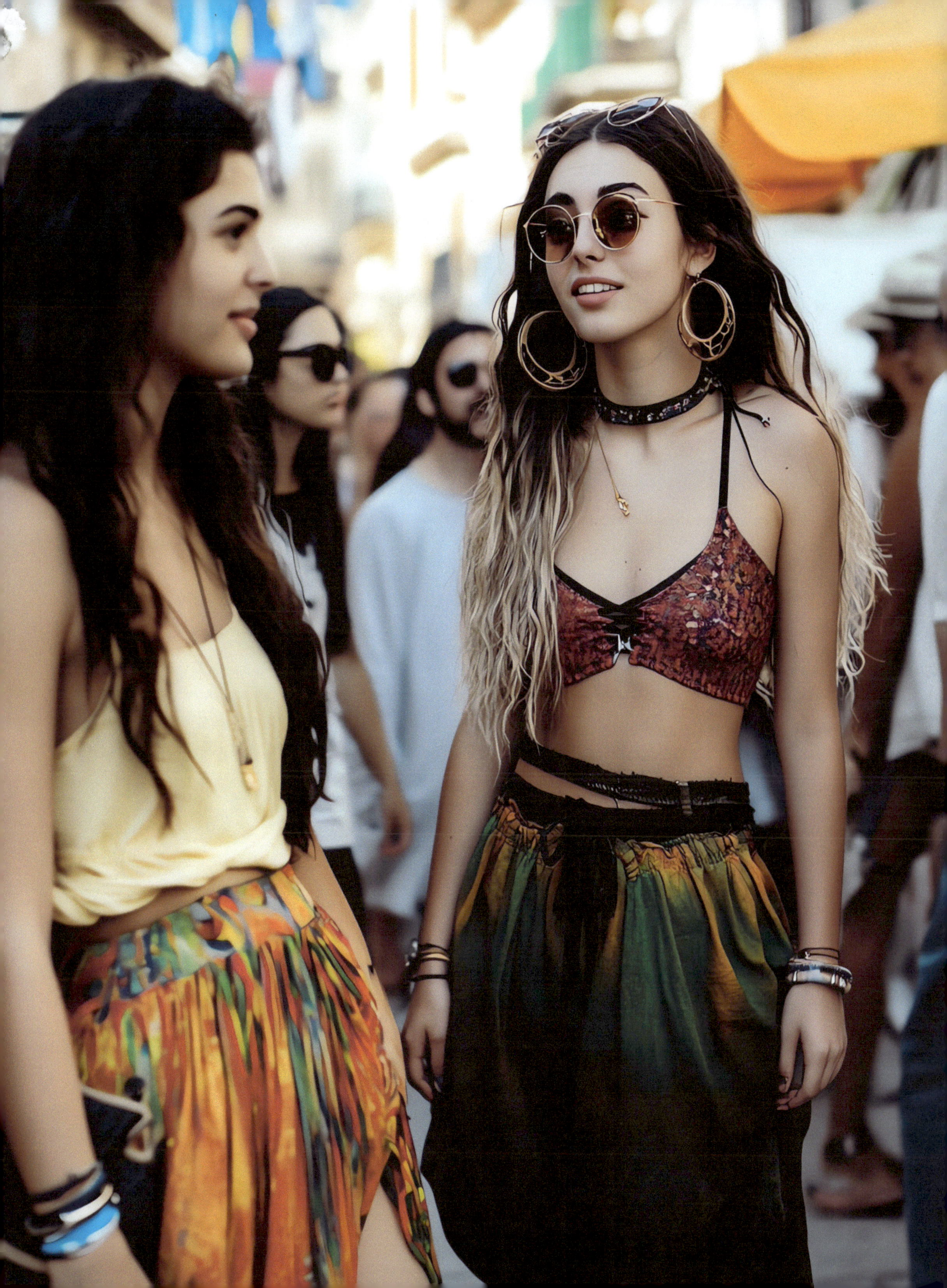

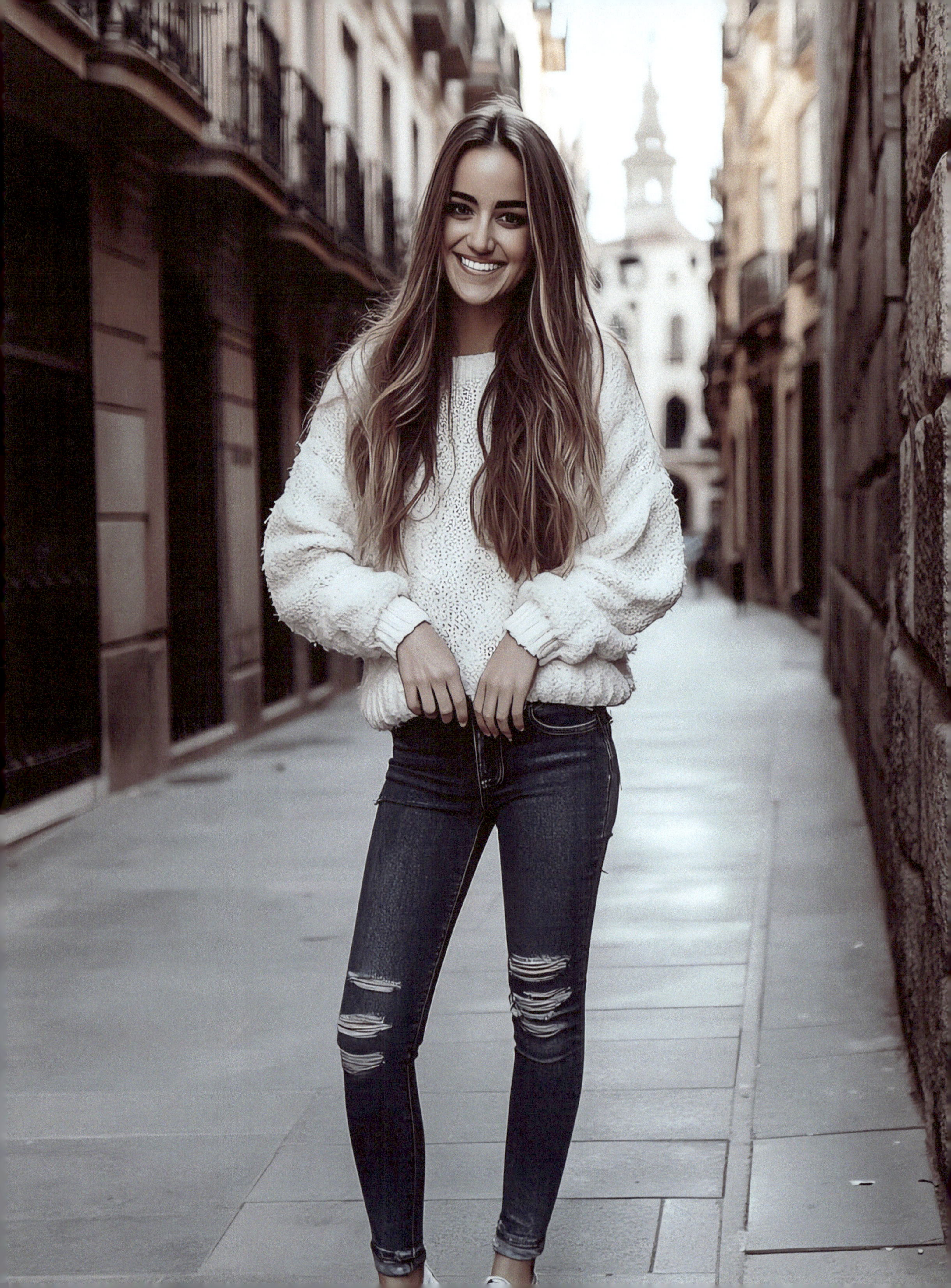

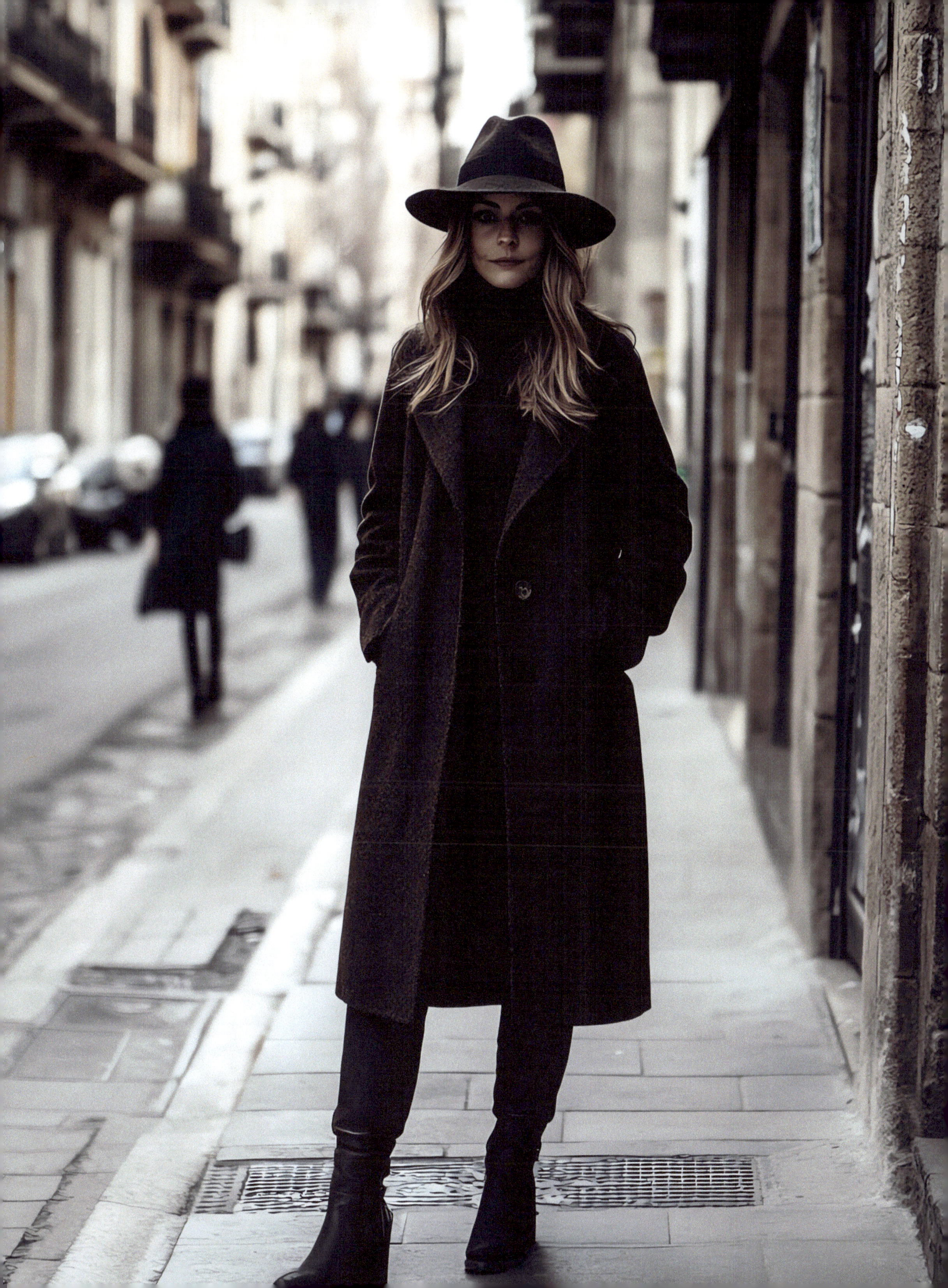

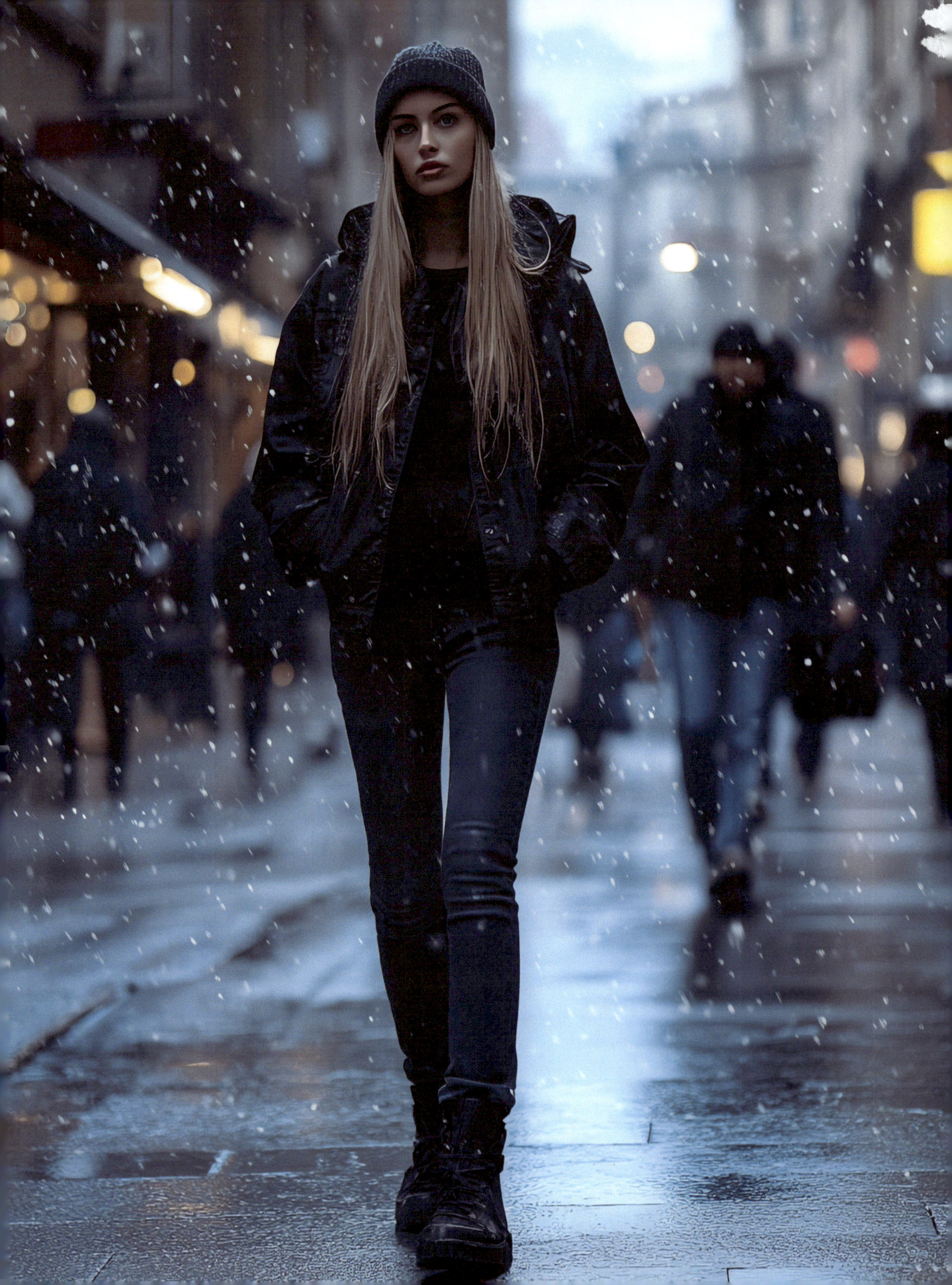

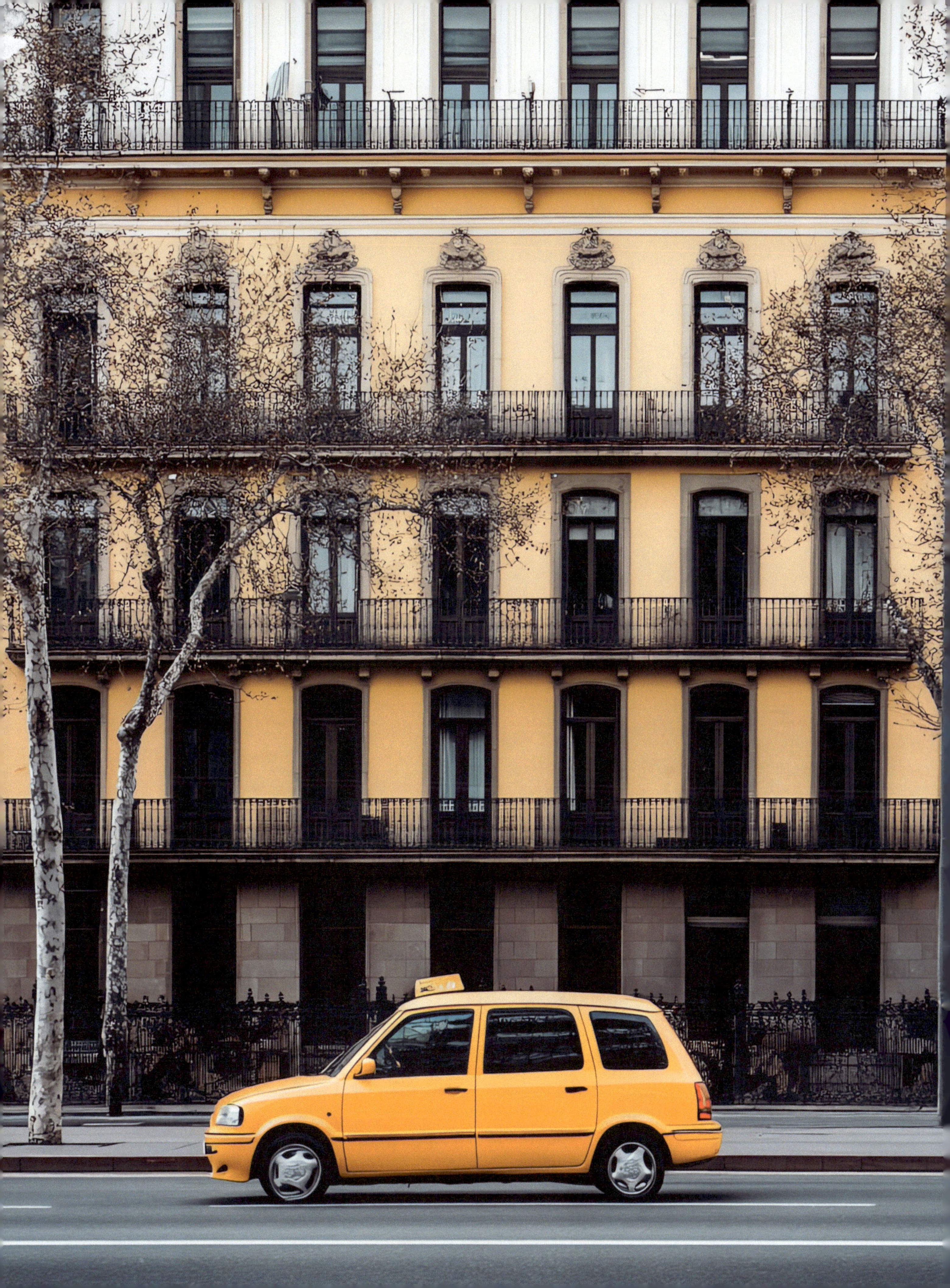

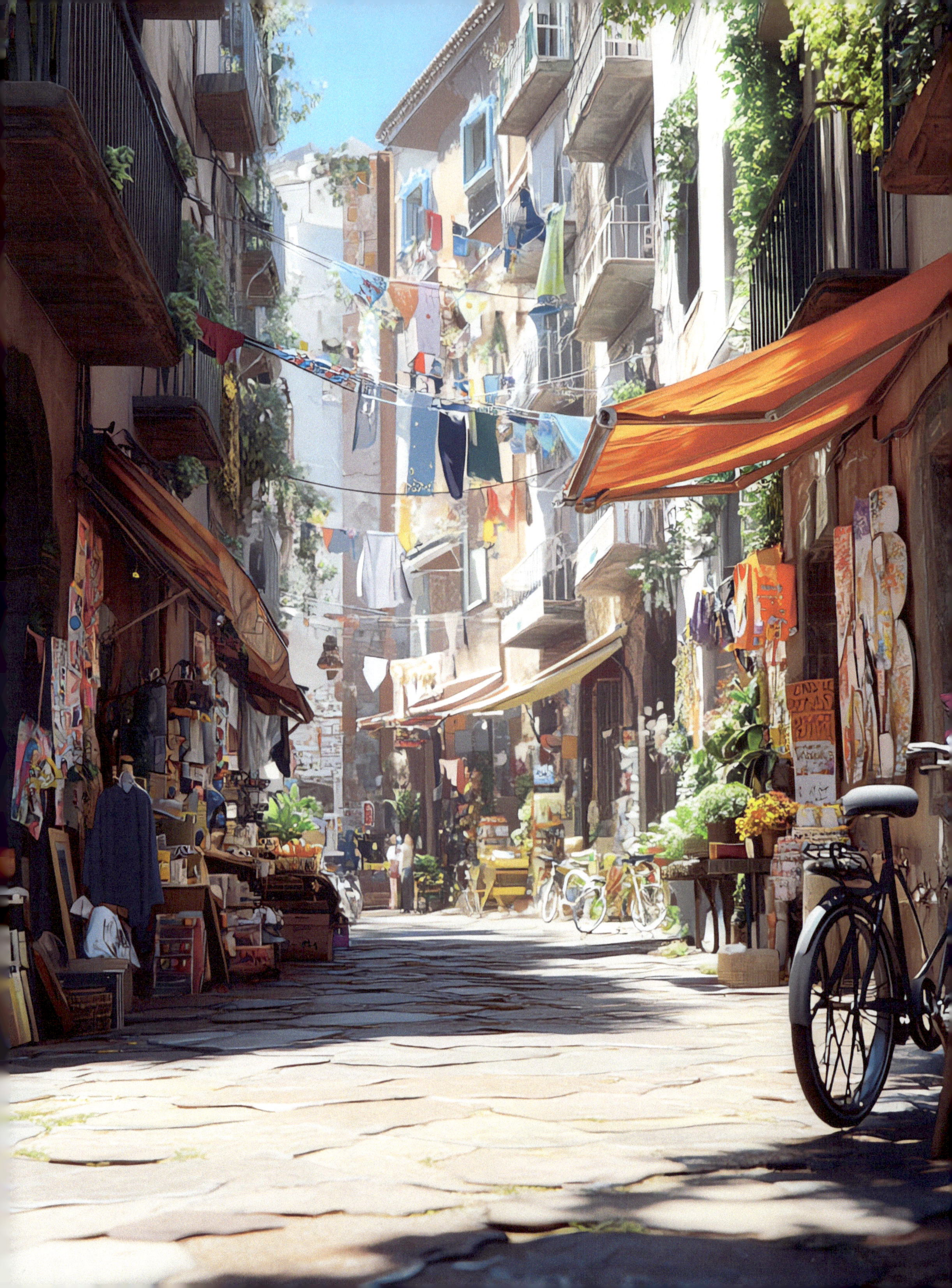

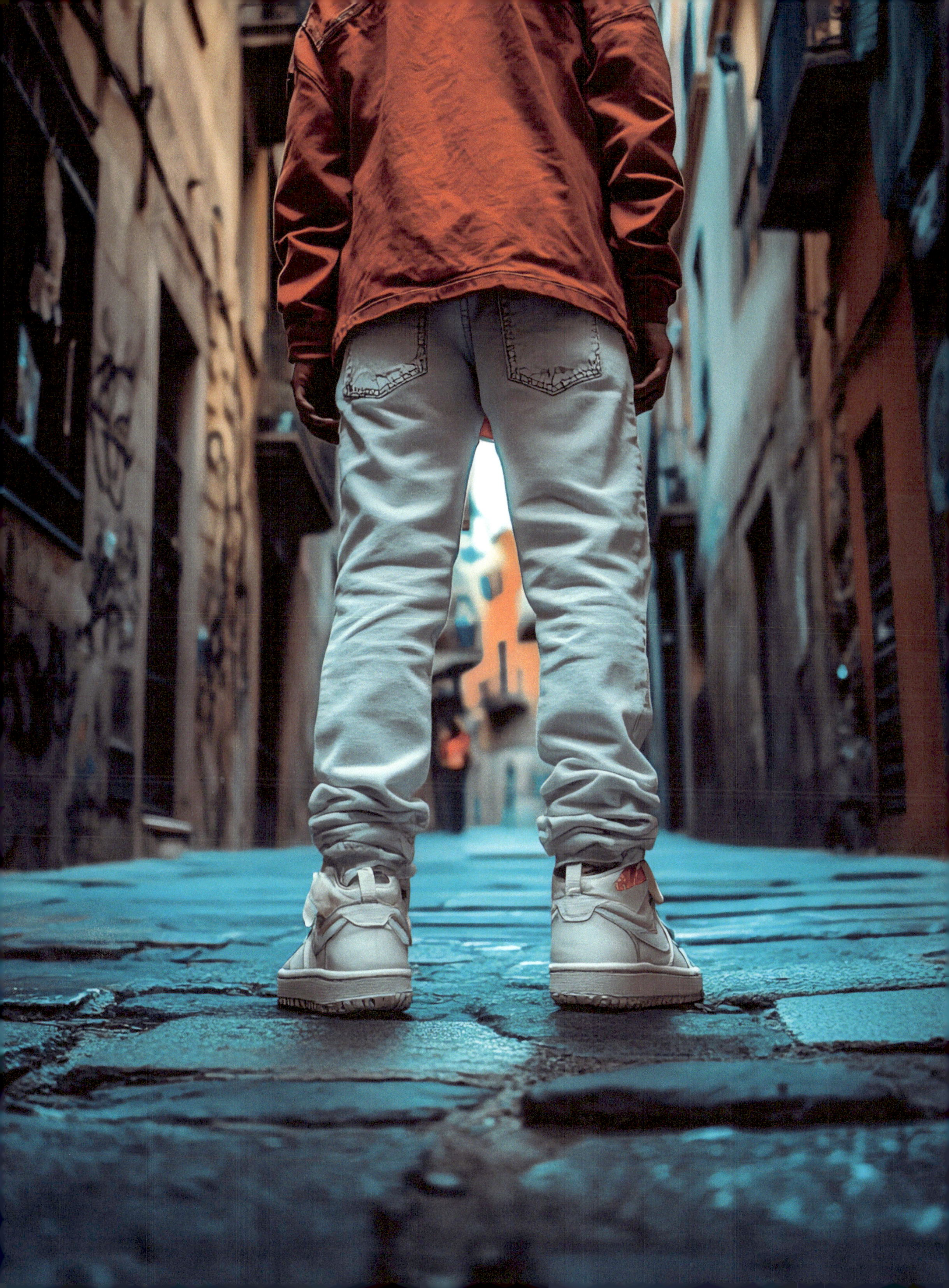

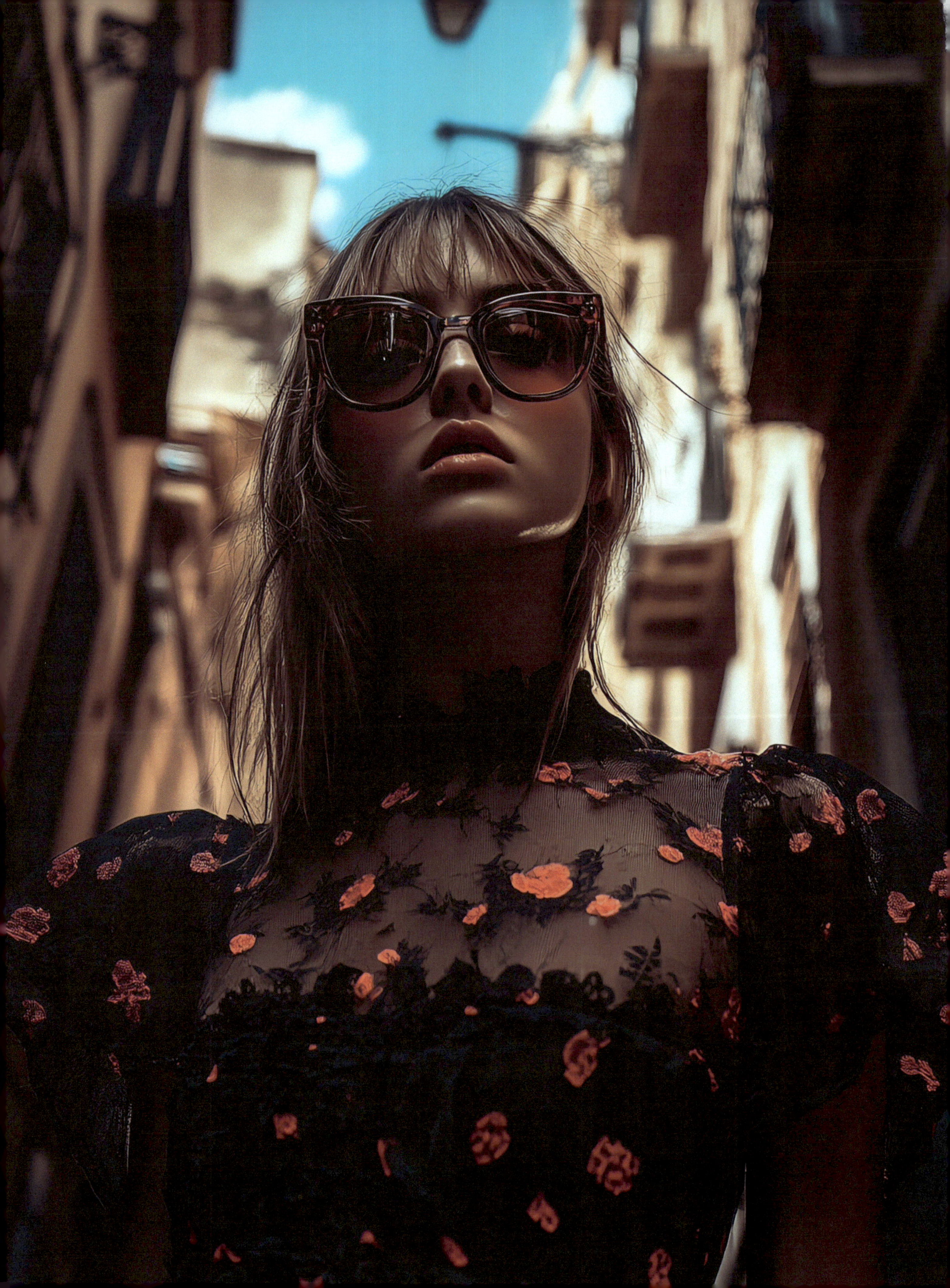

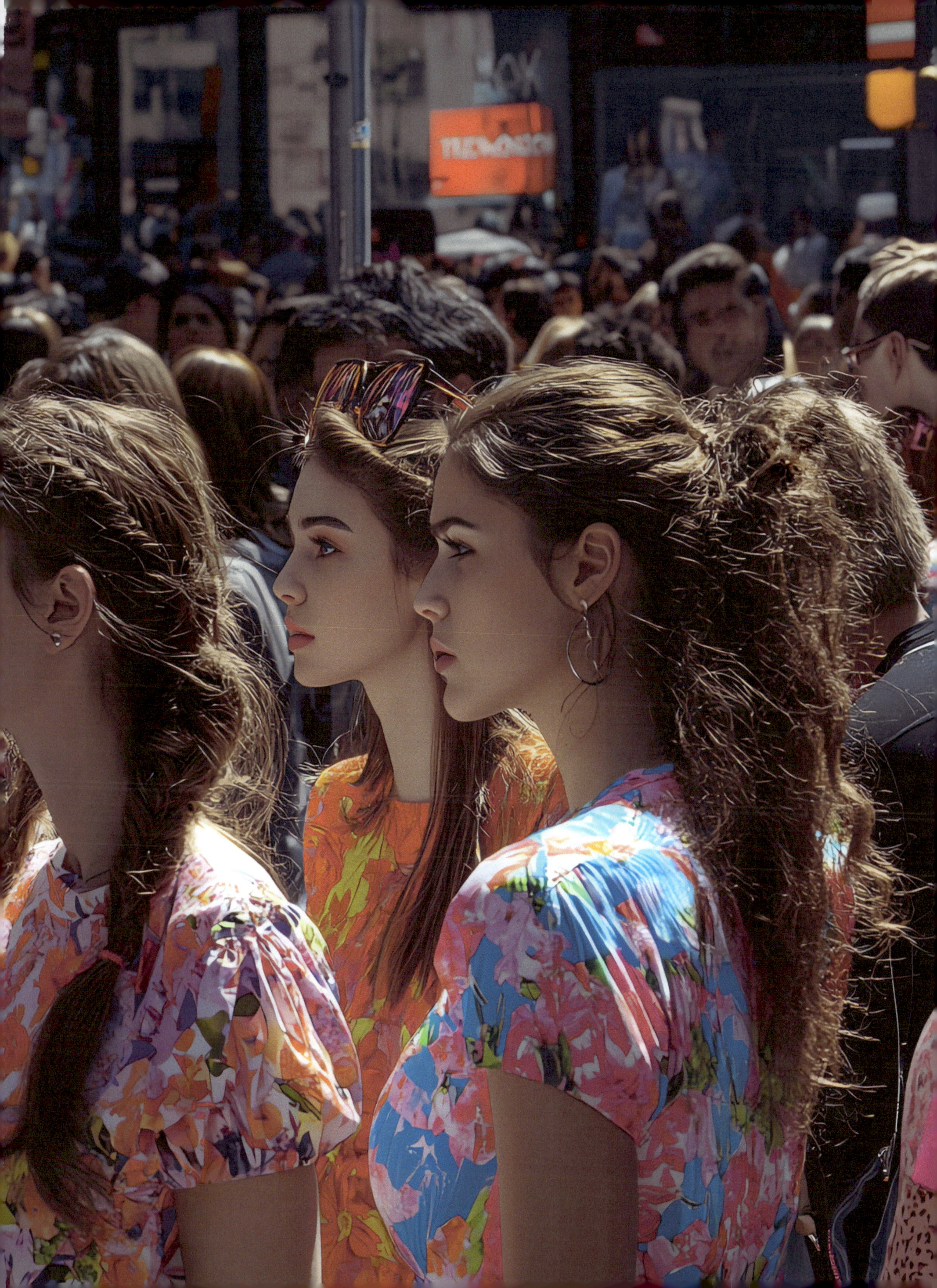

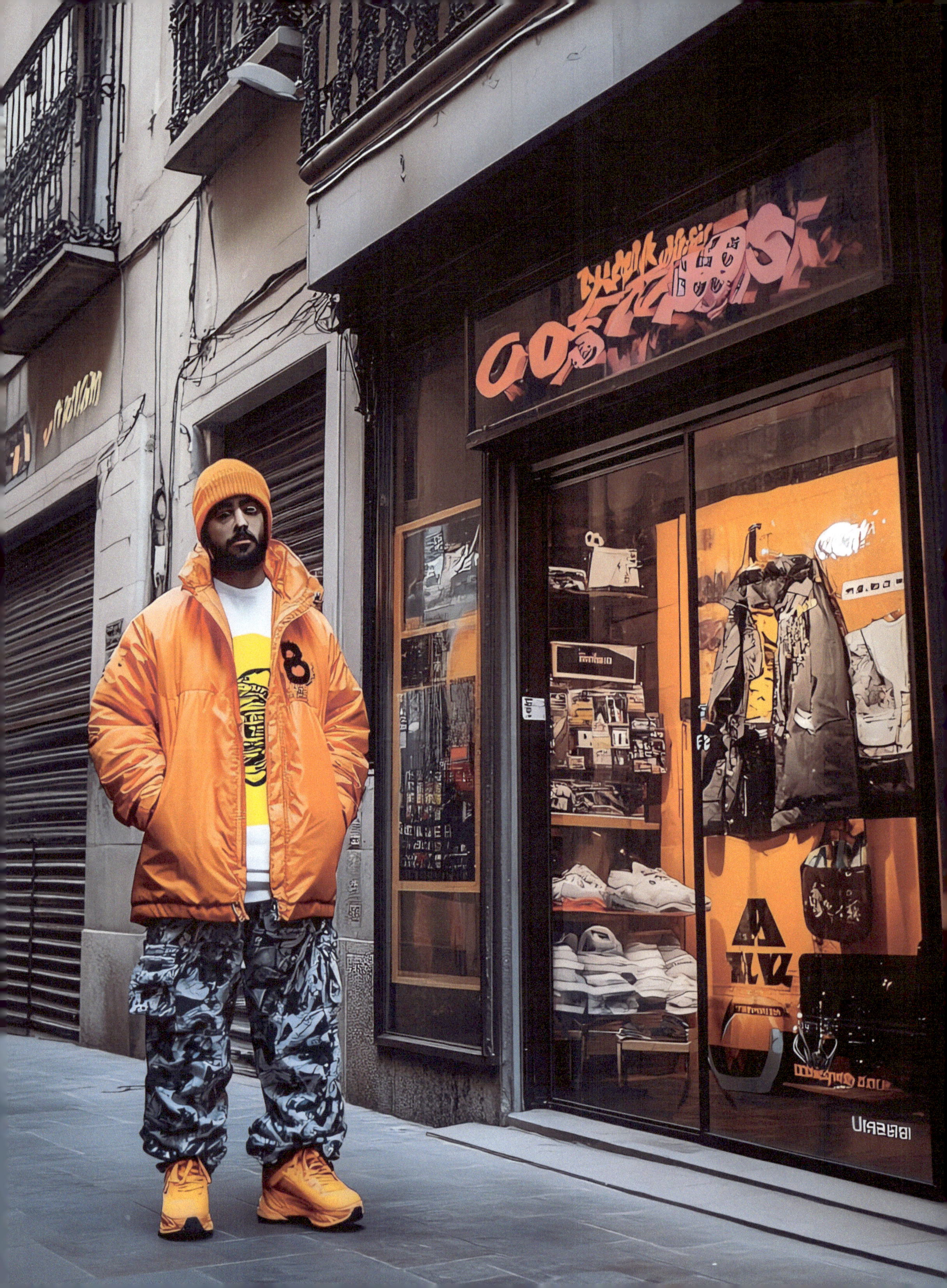

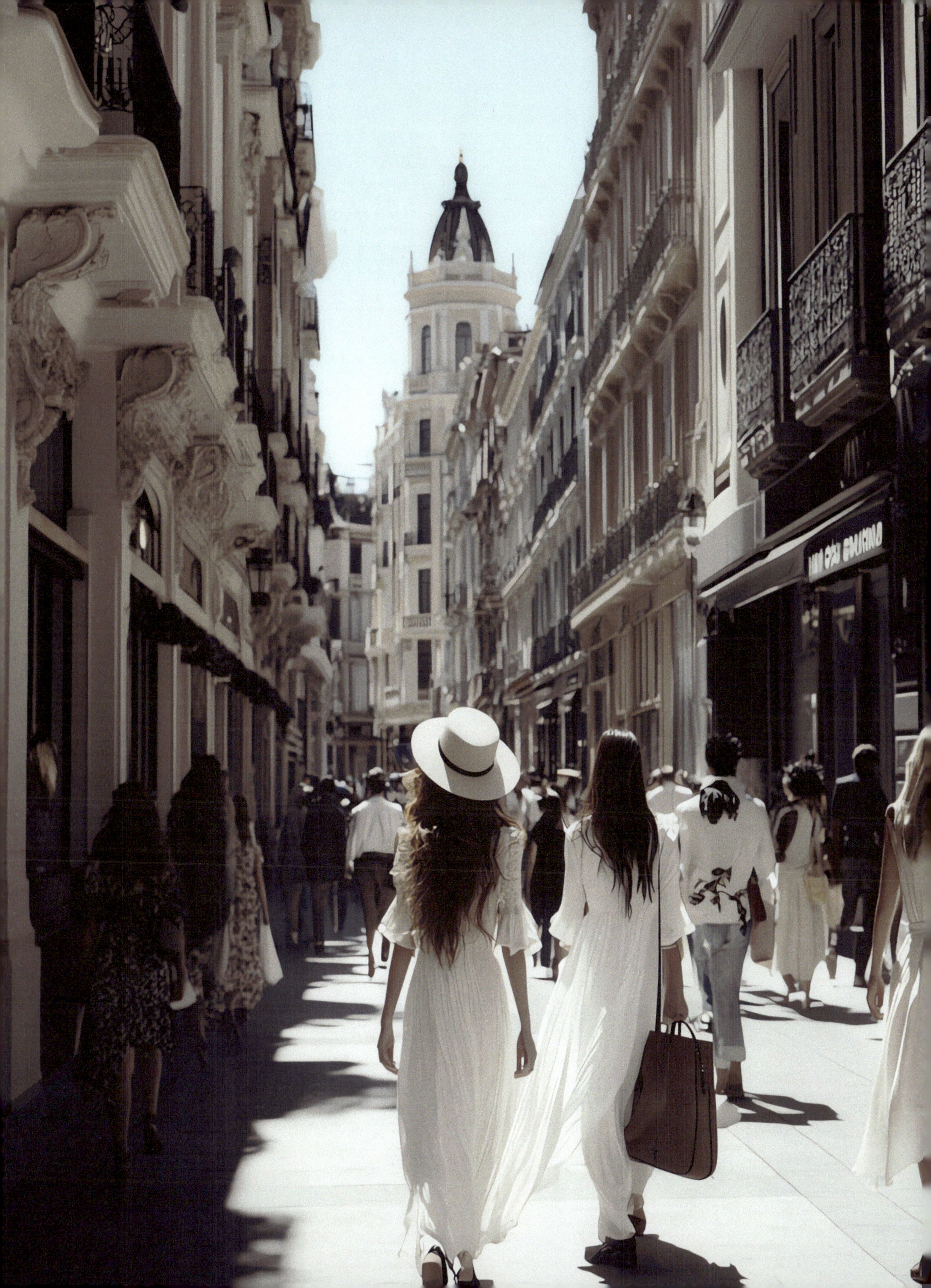

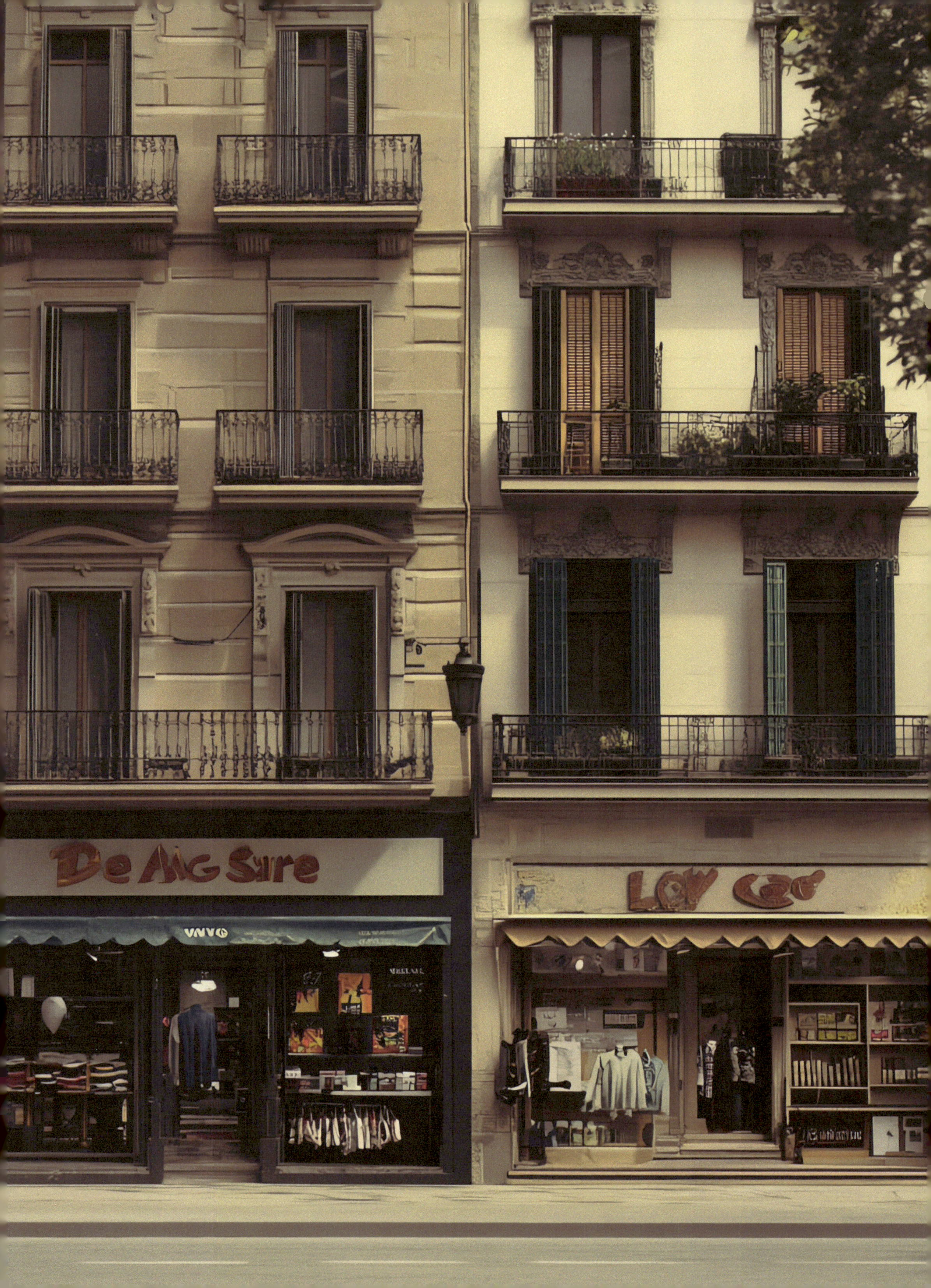

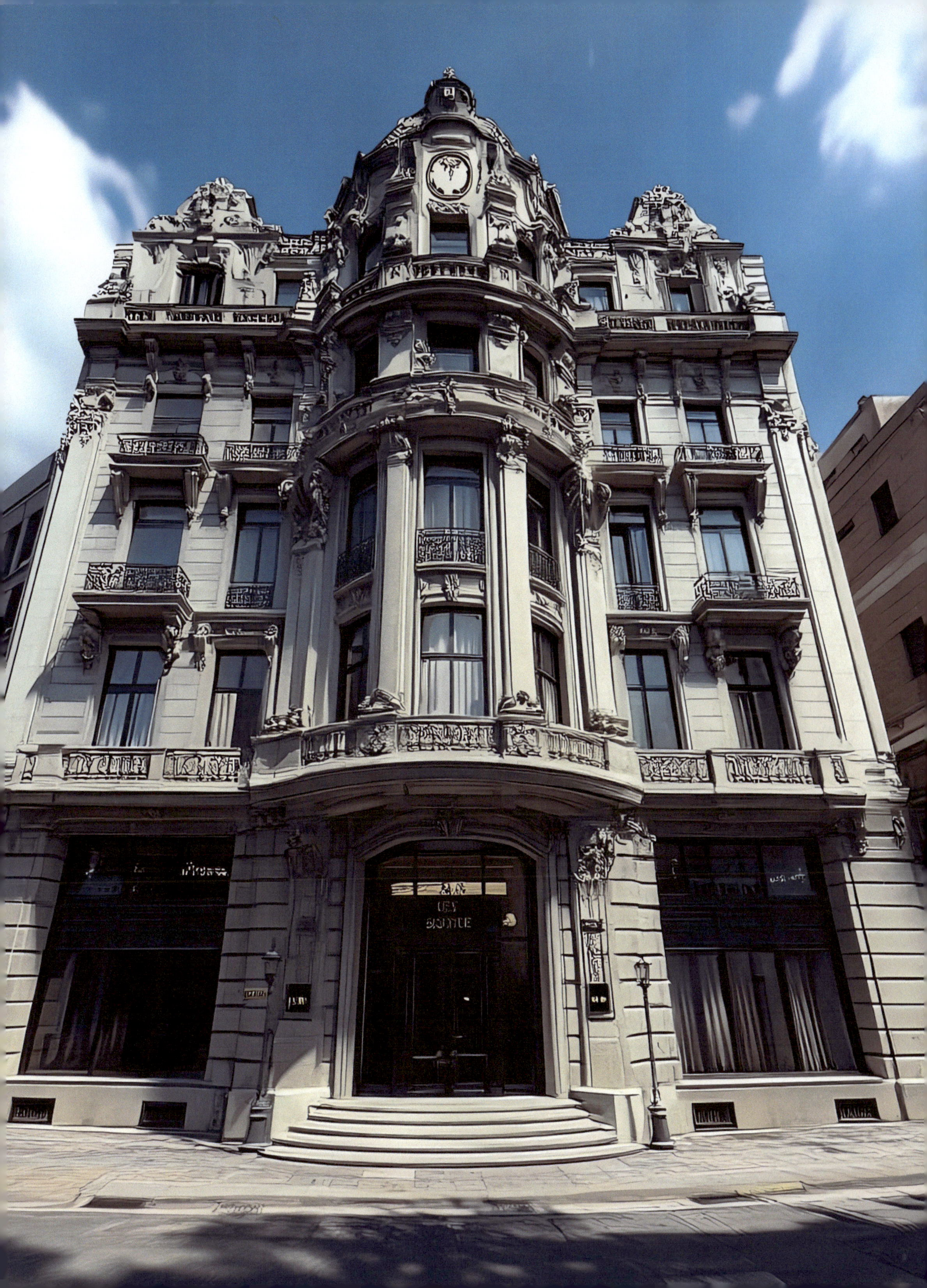

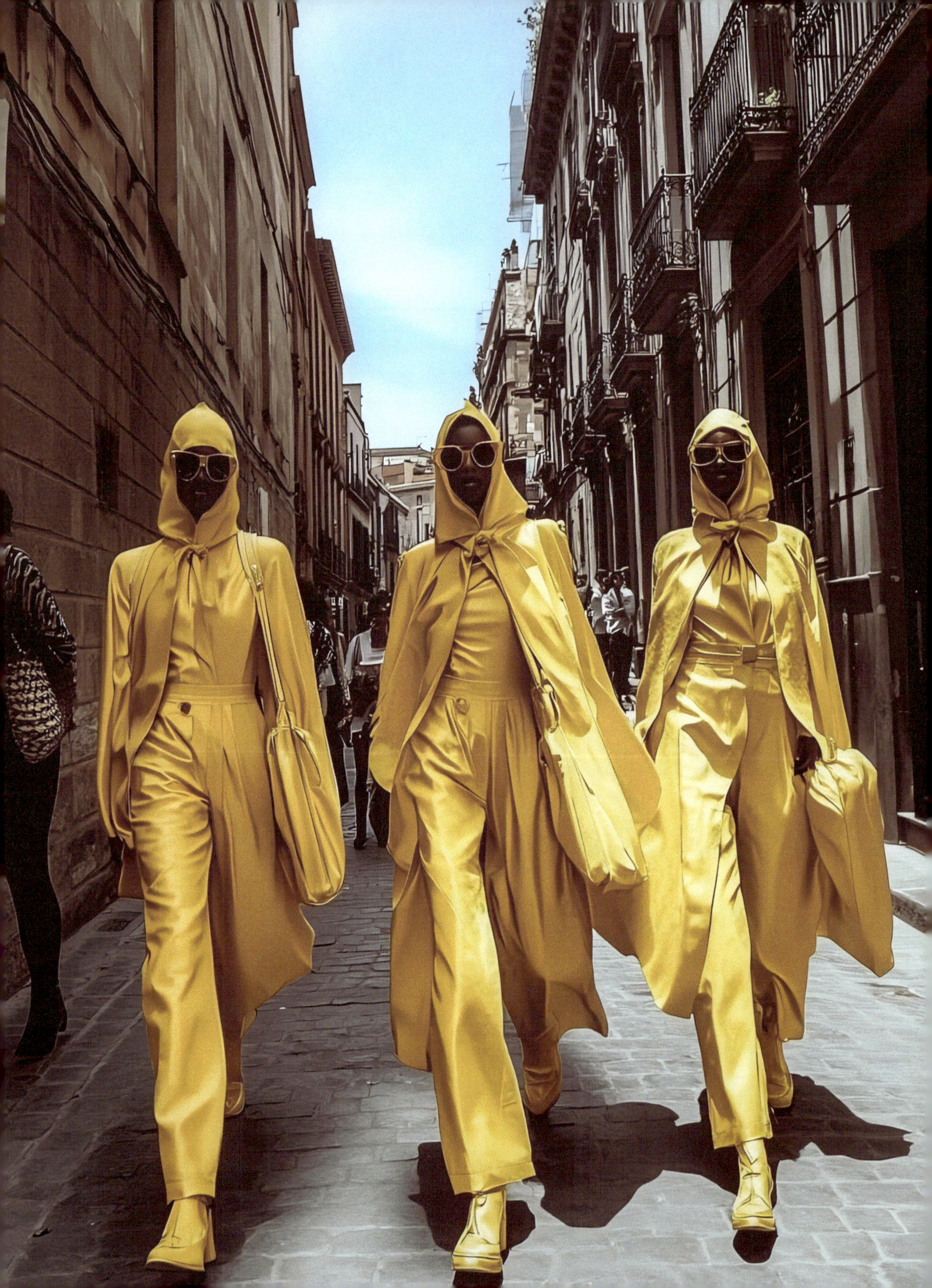

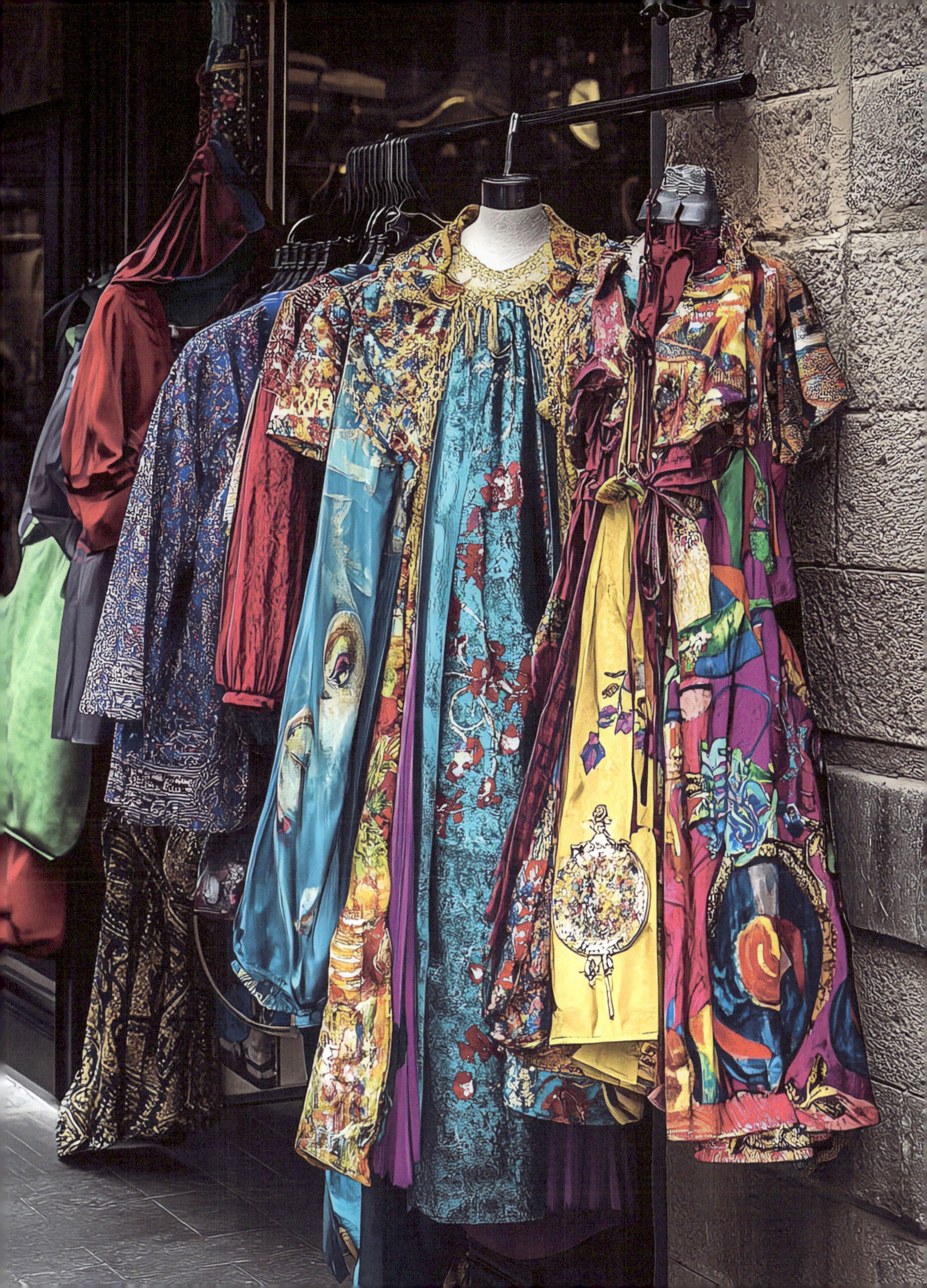

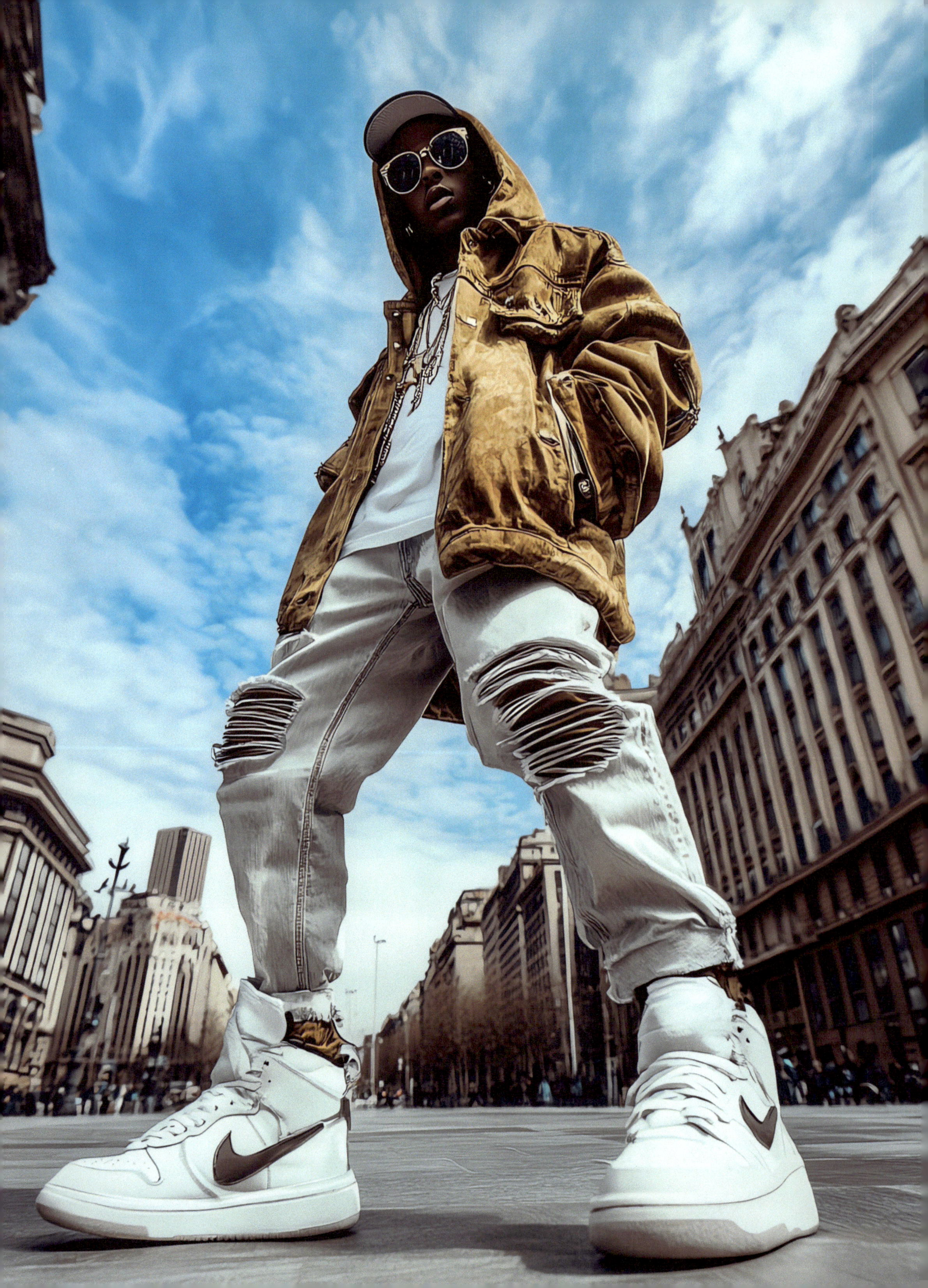

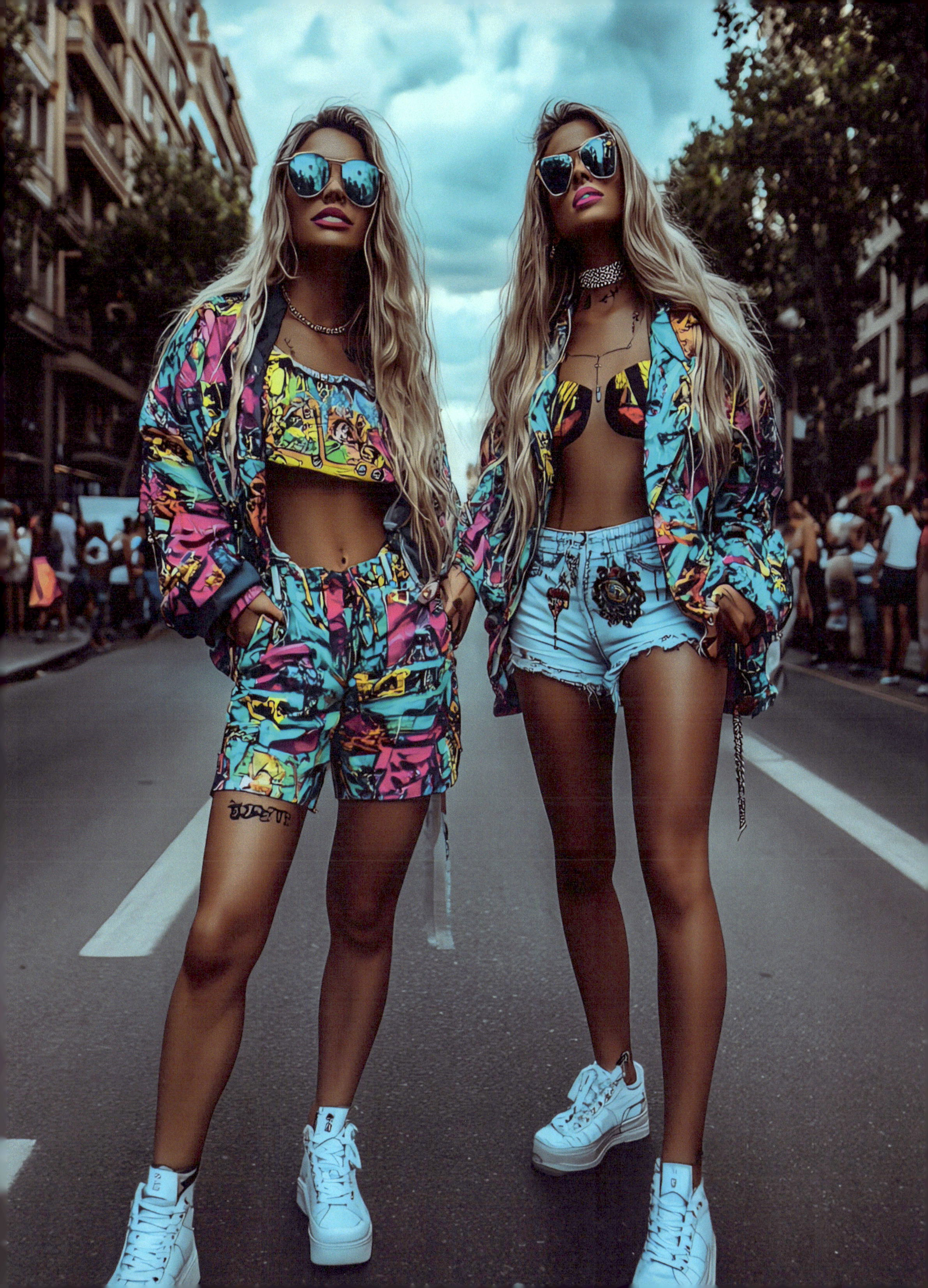

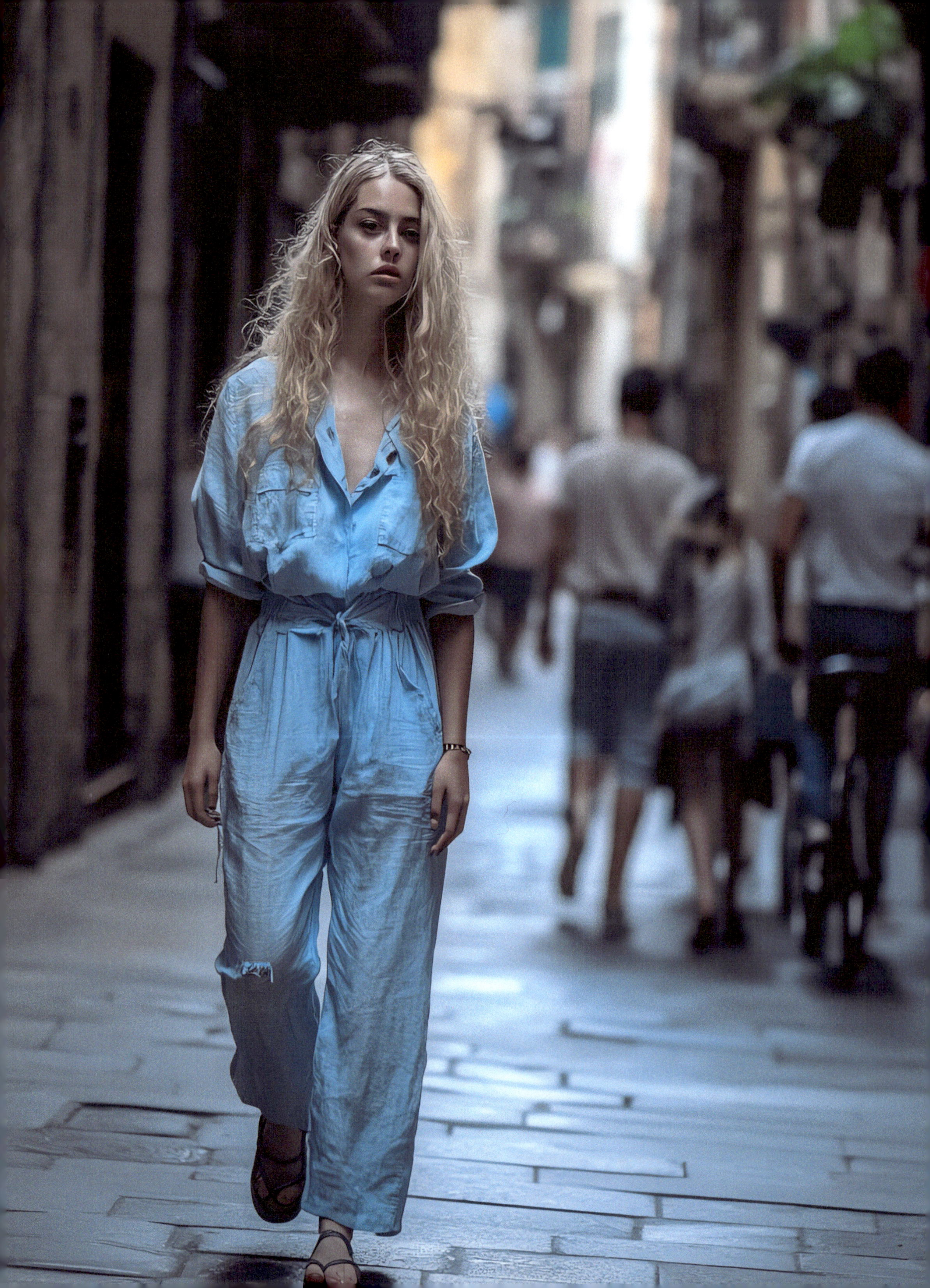

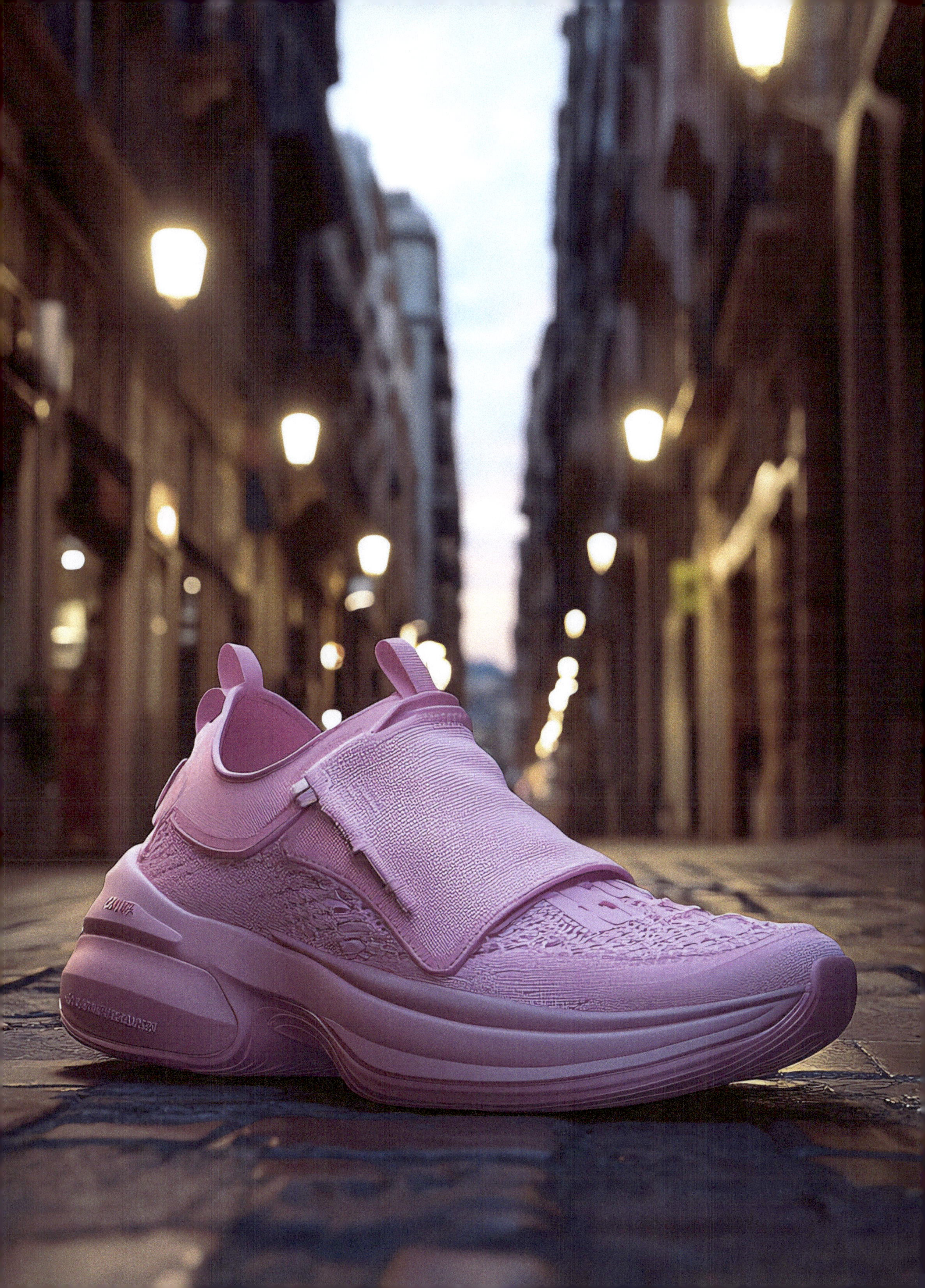

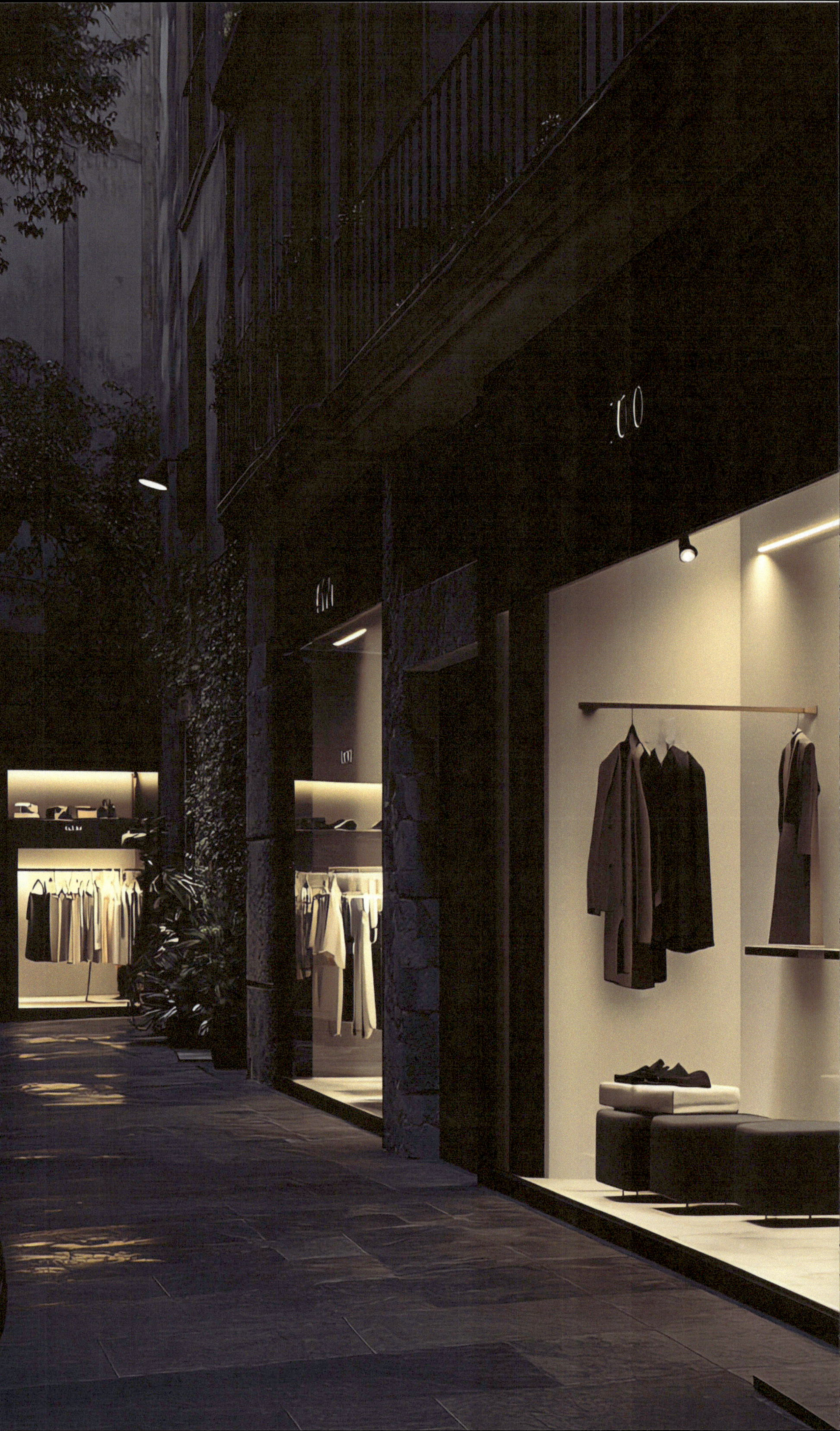

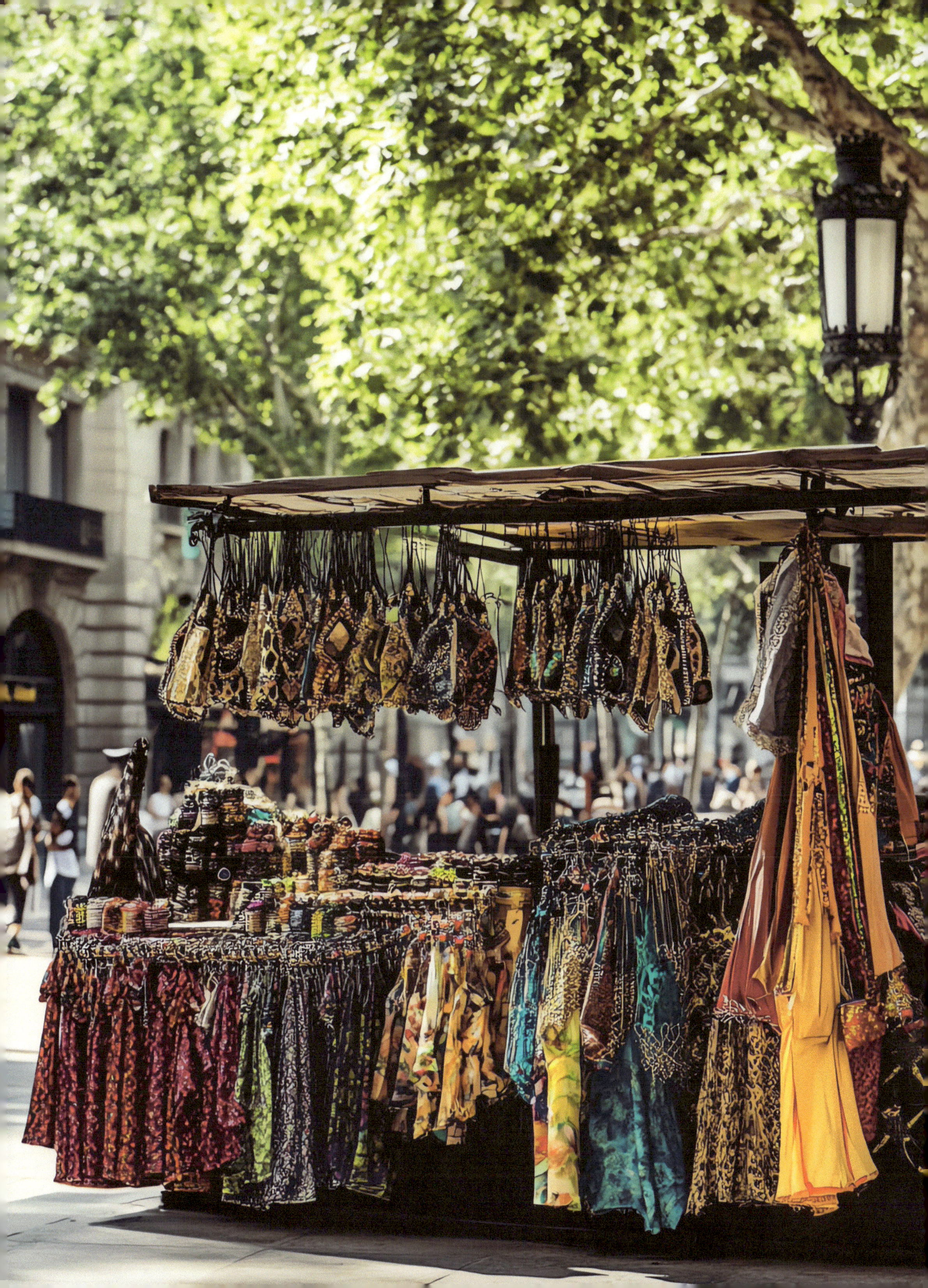

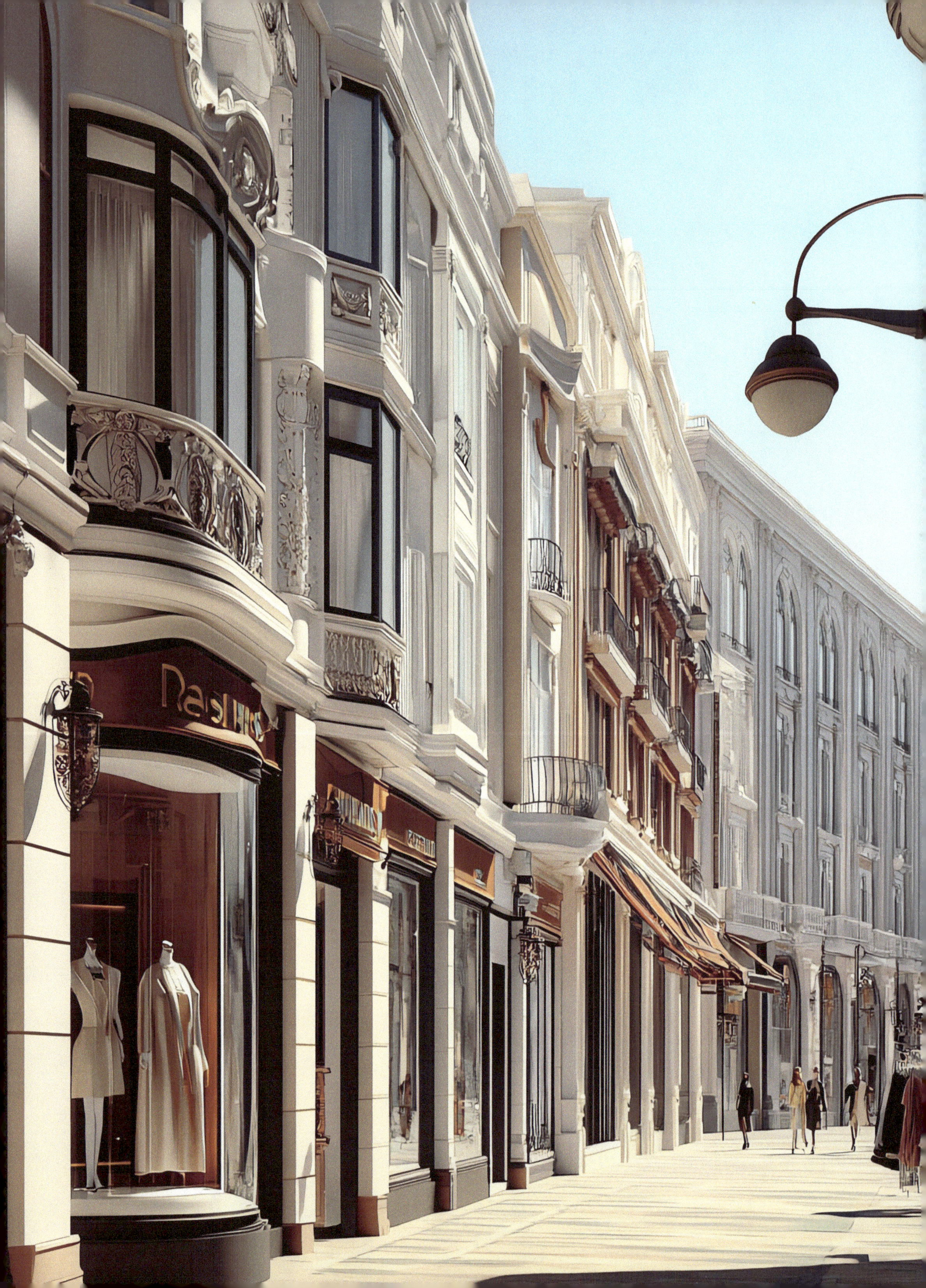

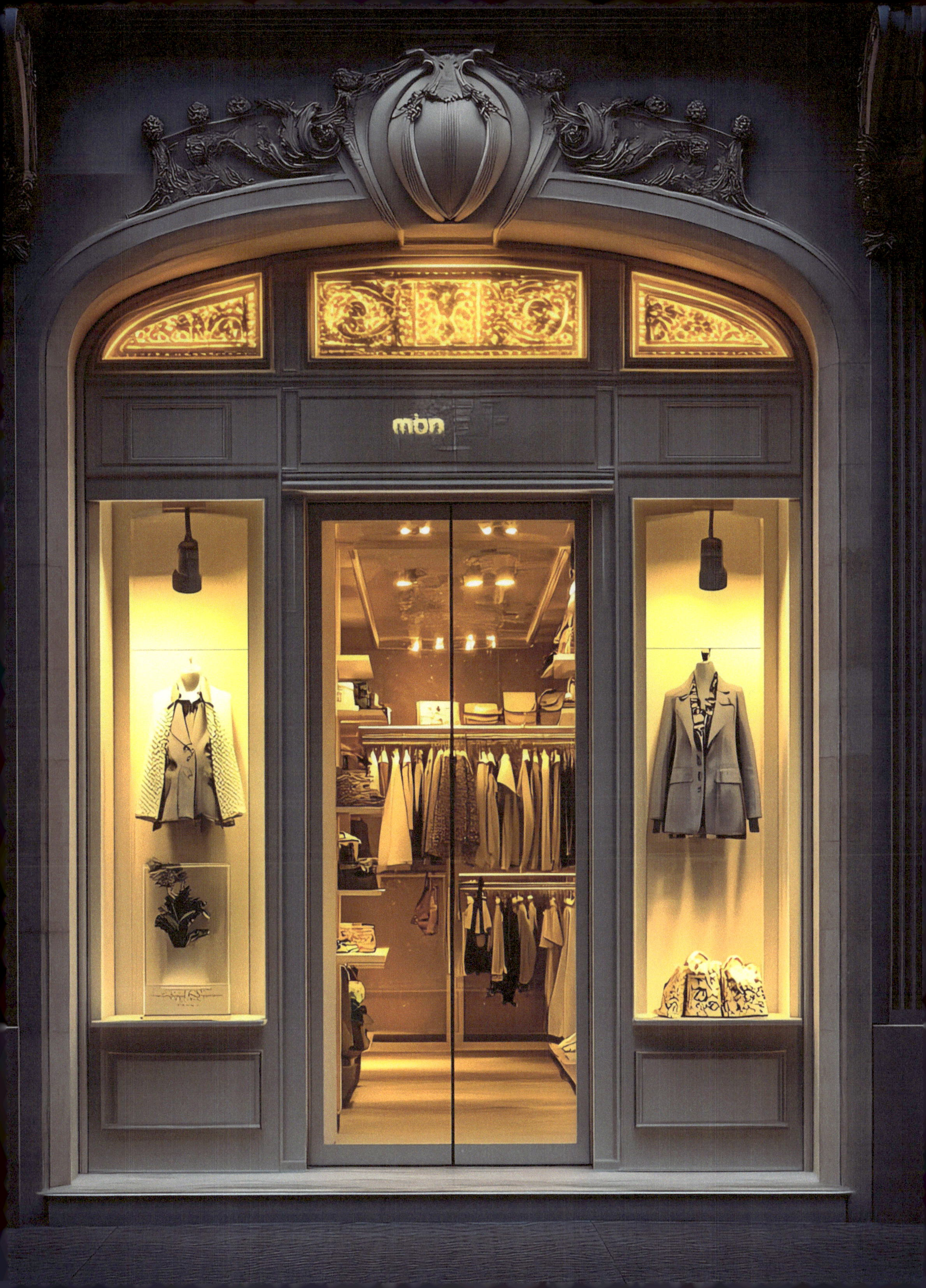
mon

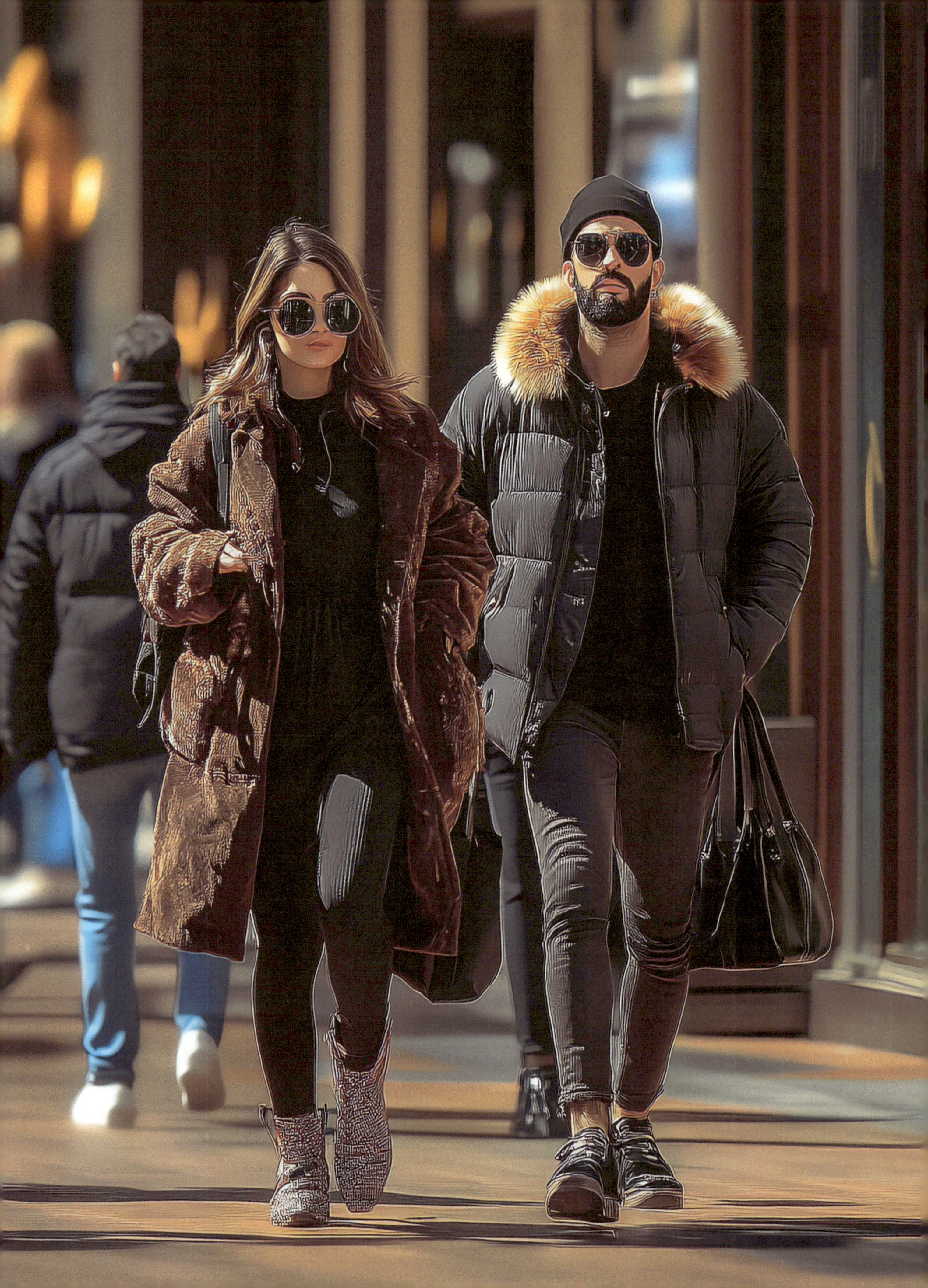

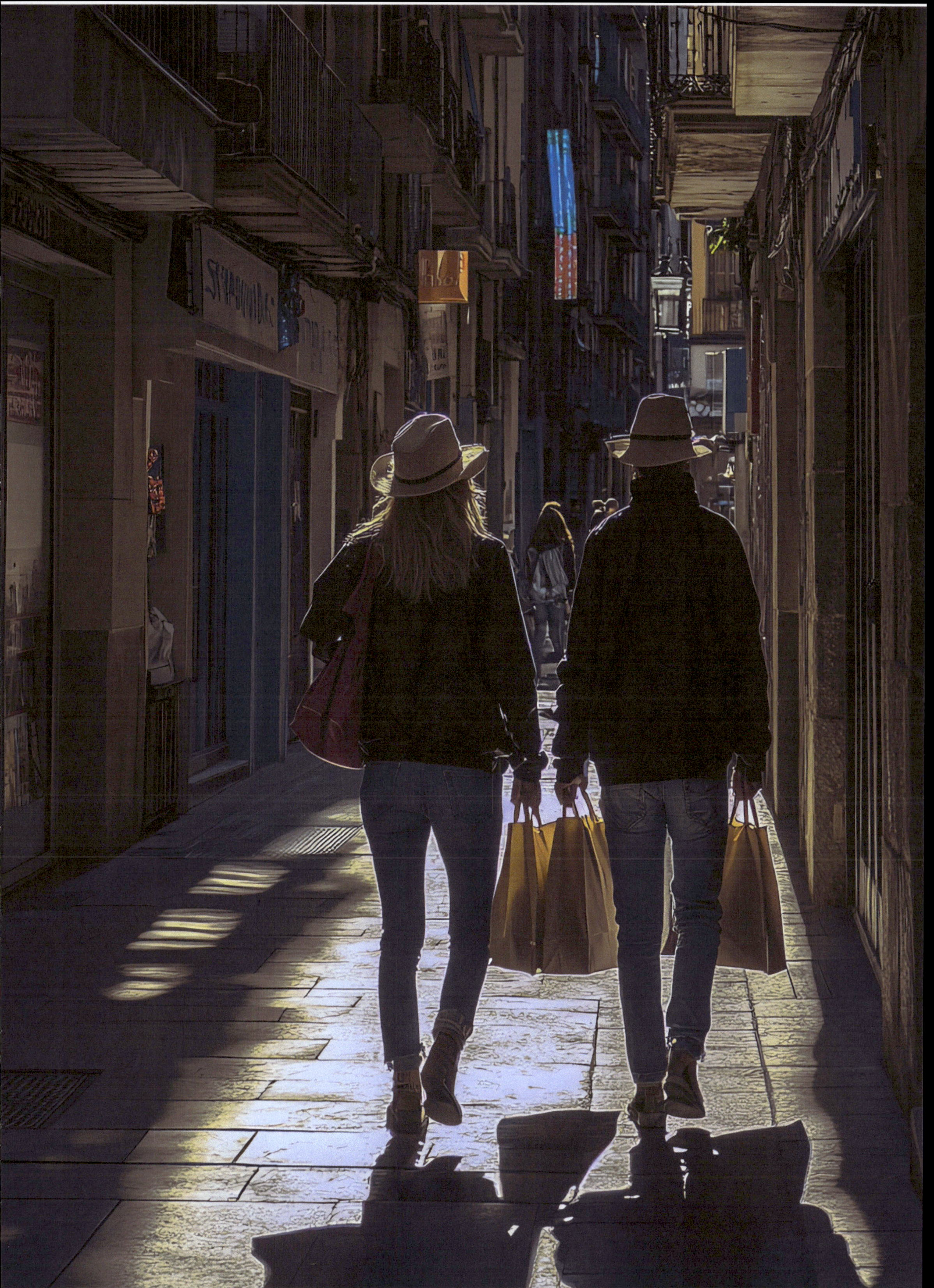

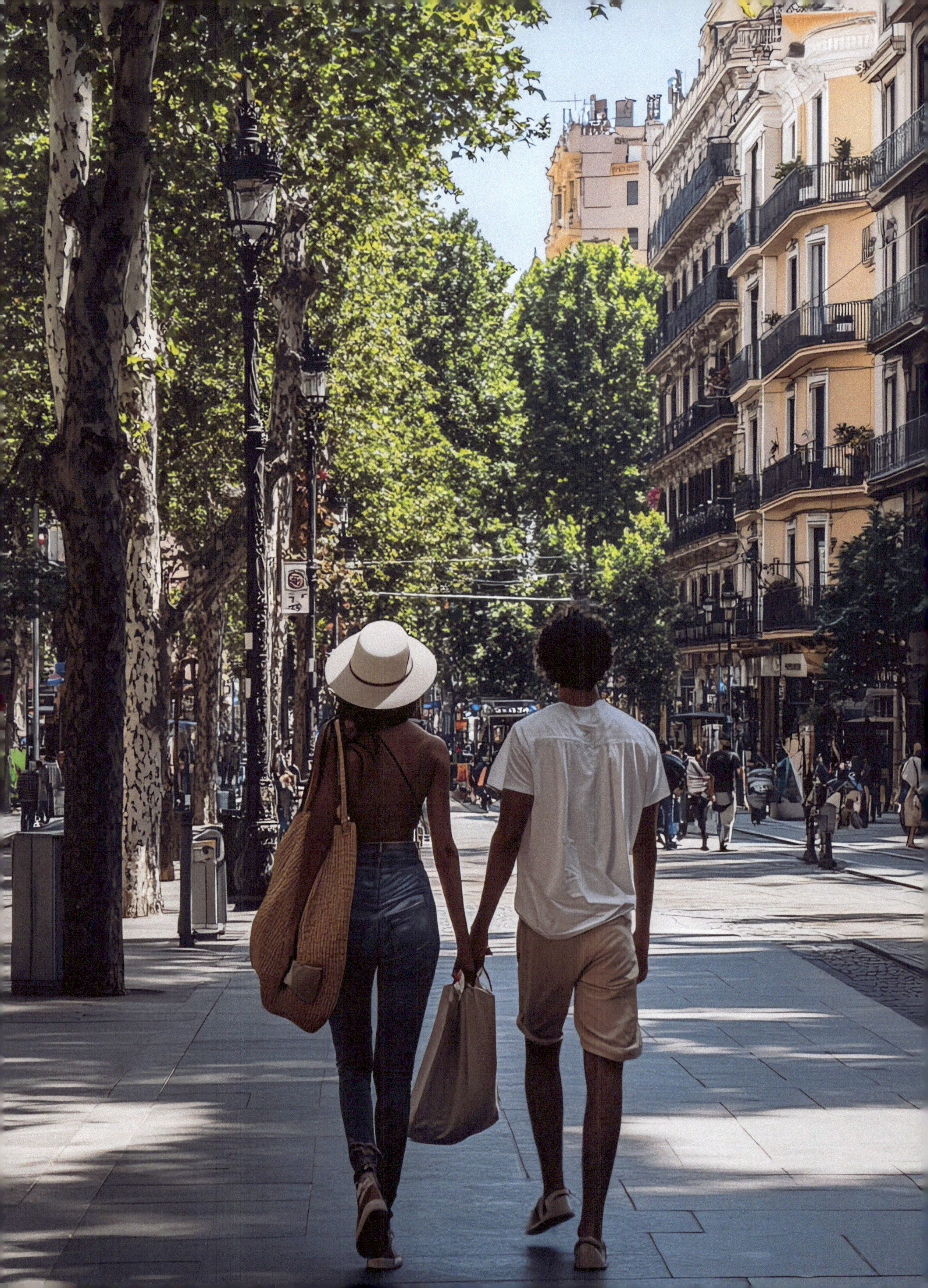

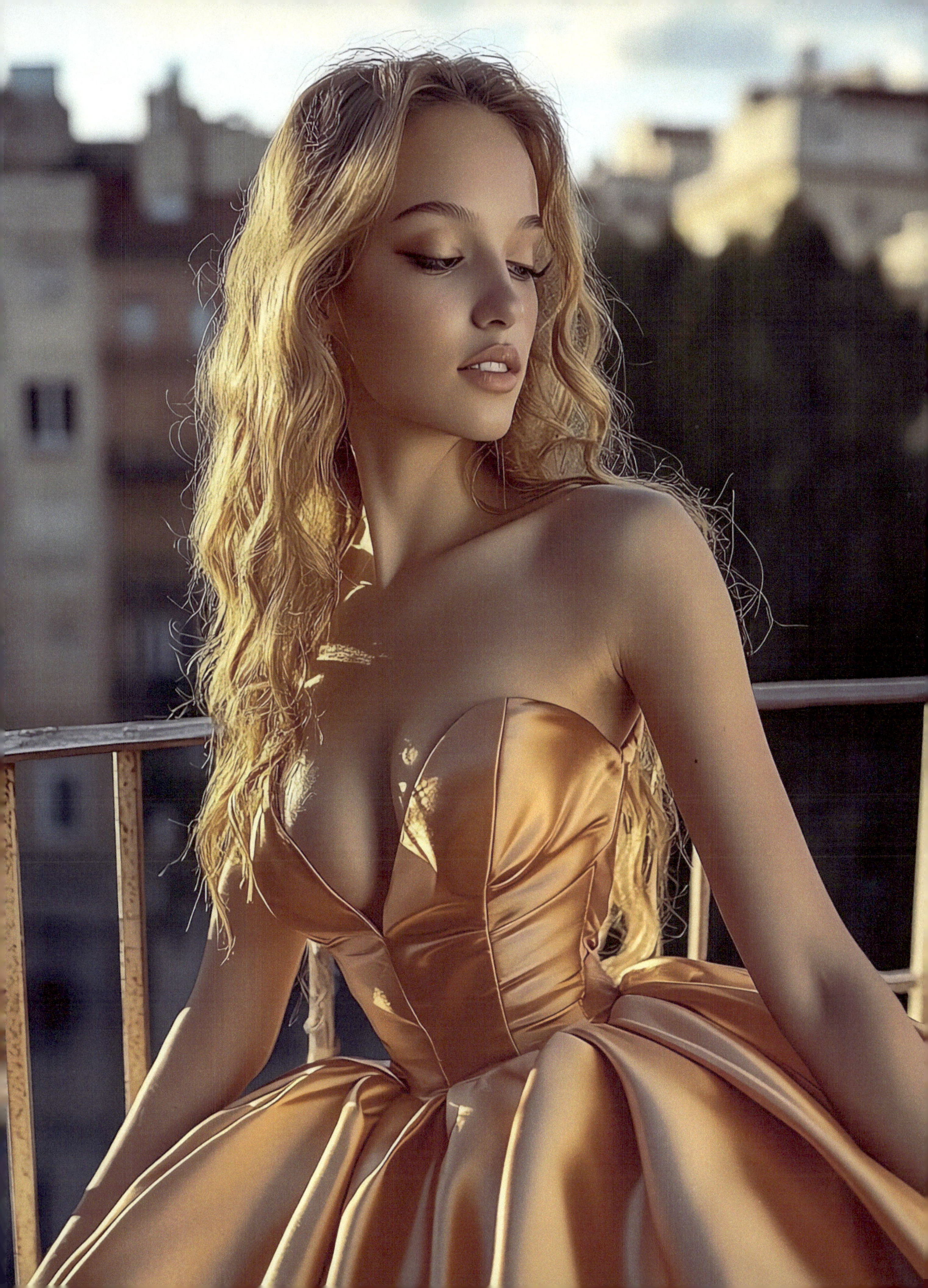

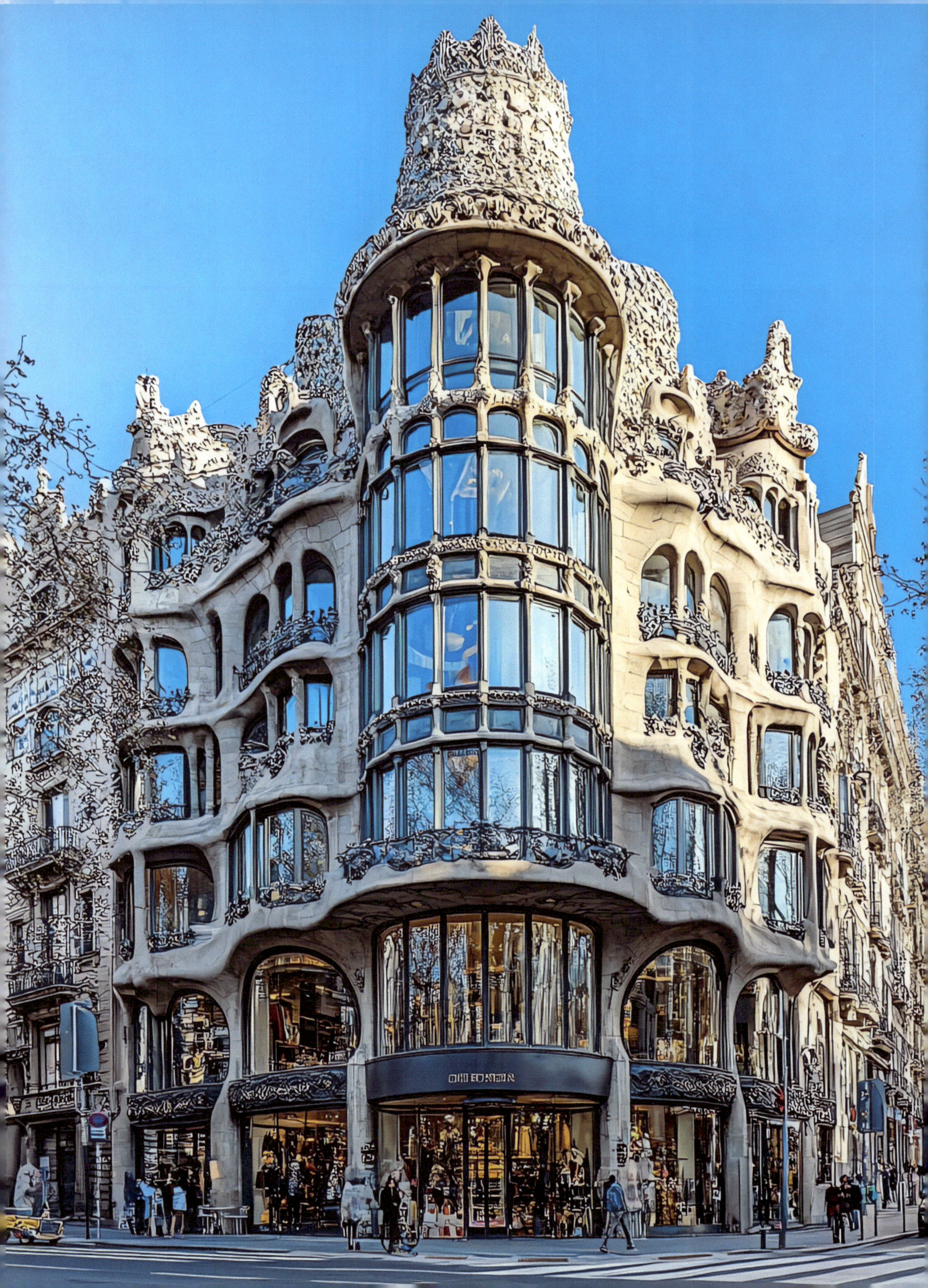

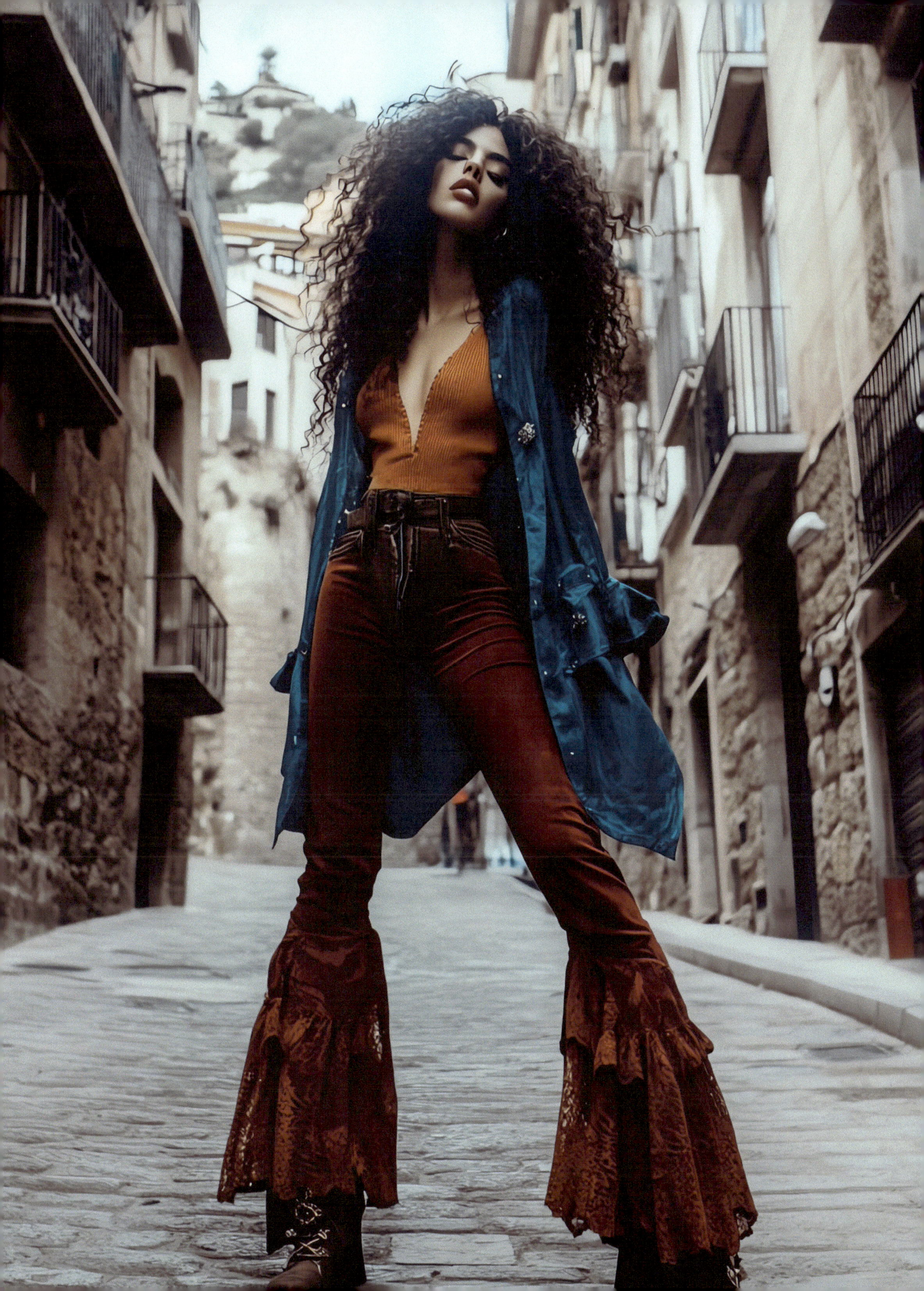

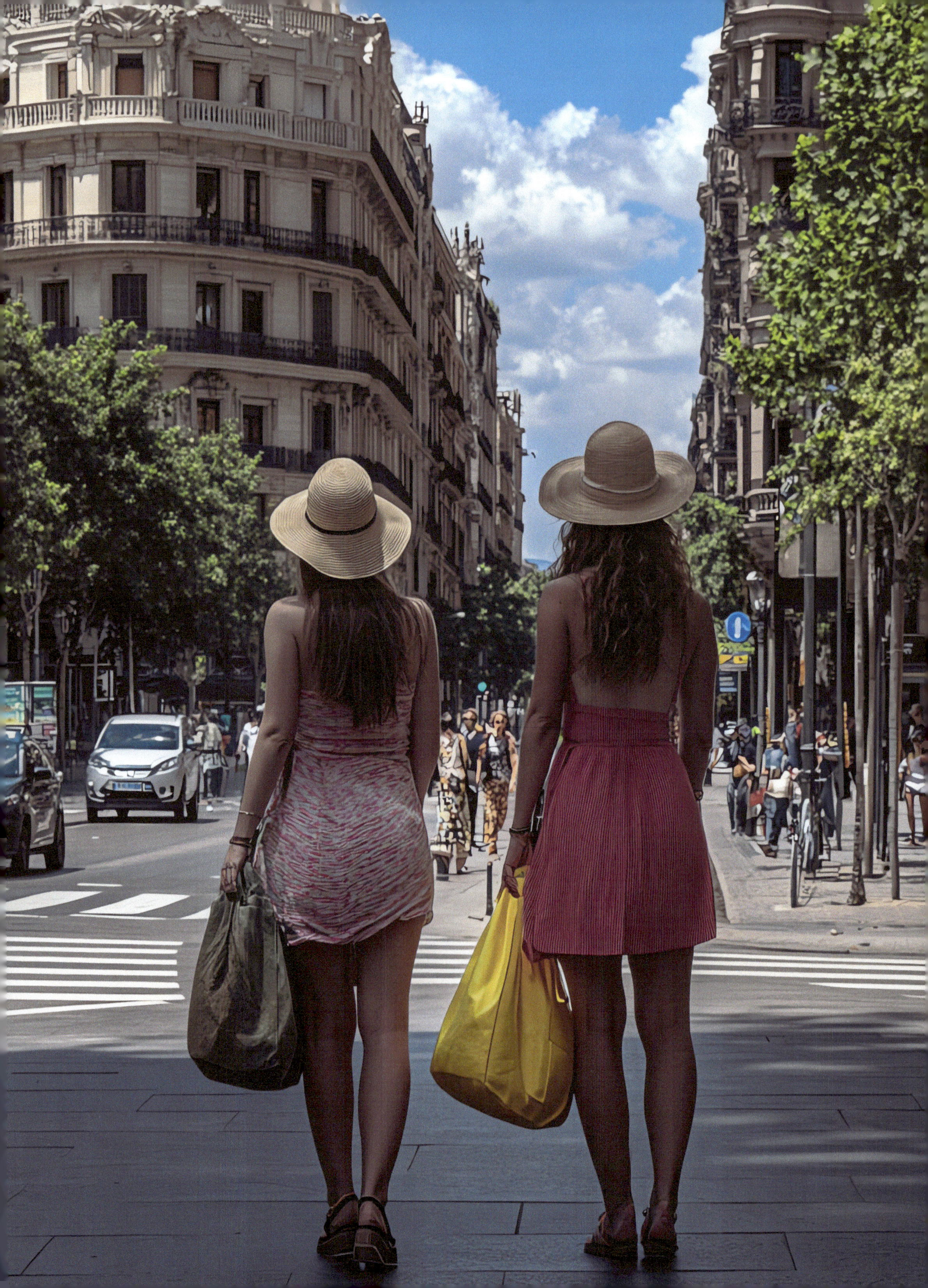

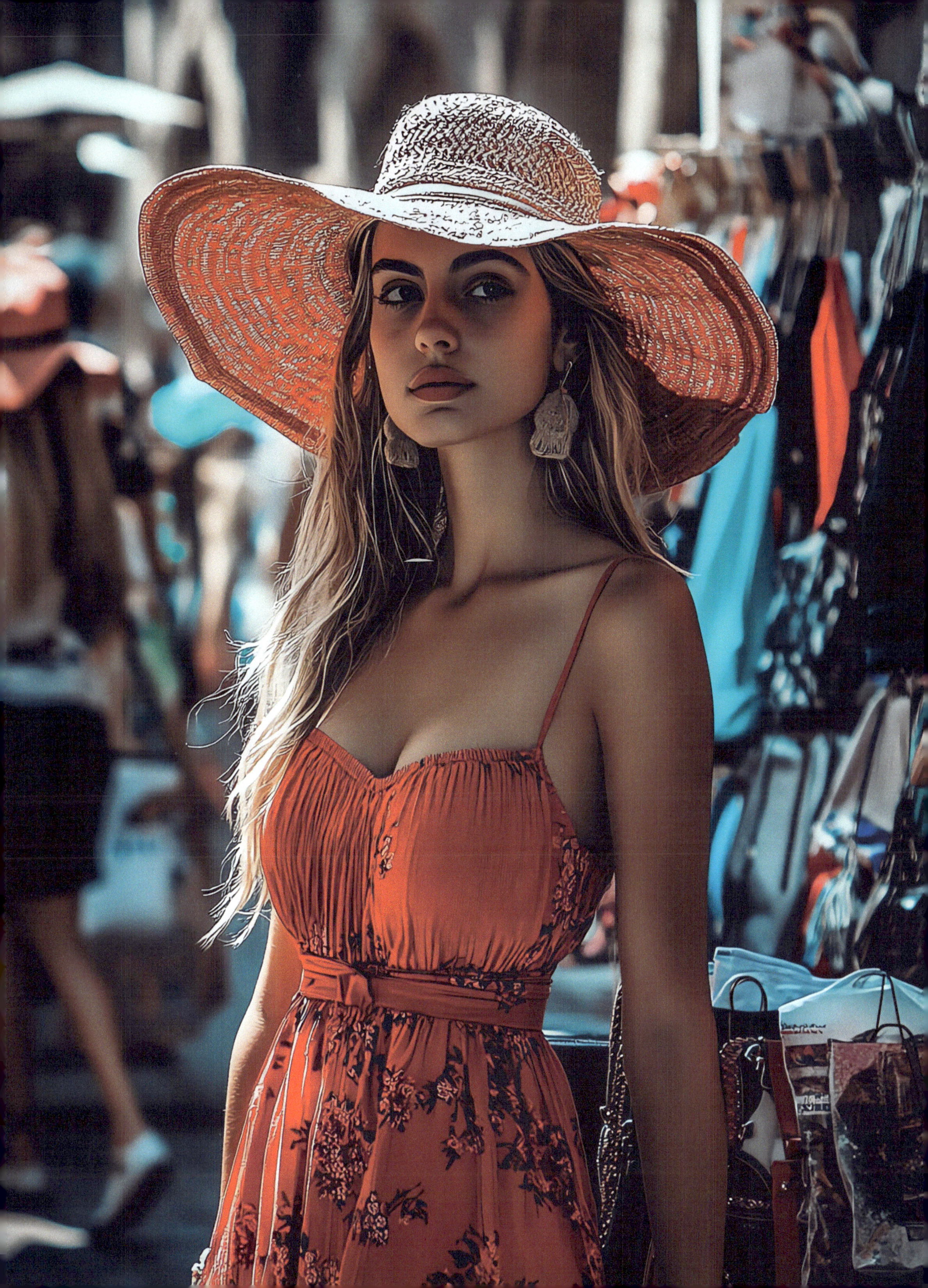

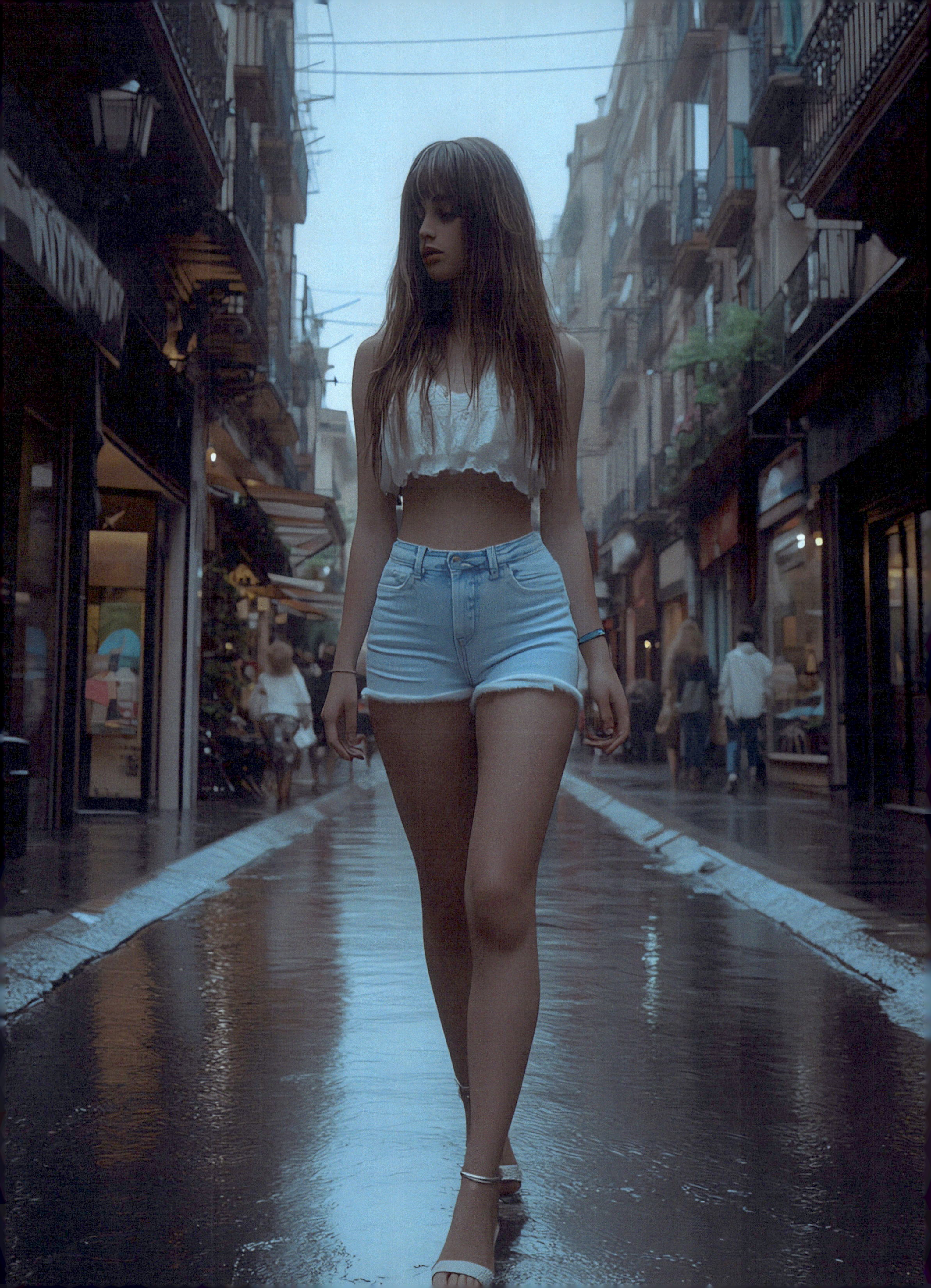

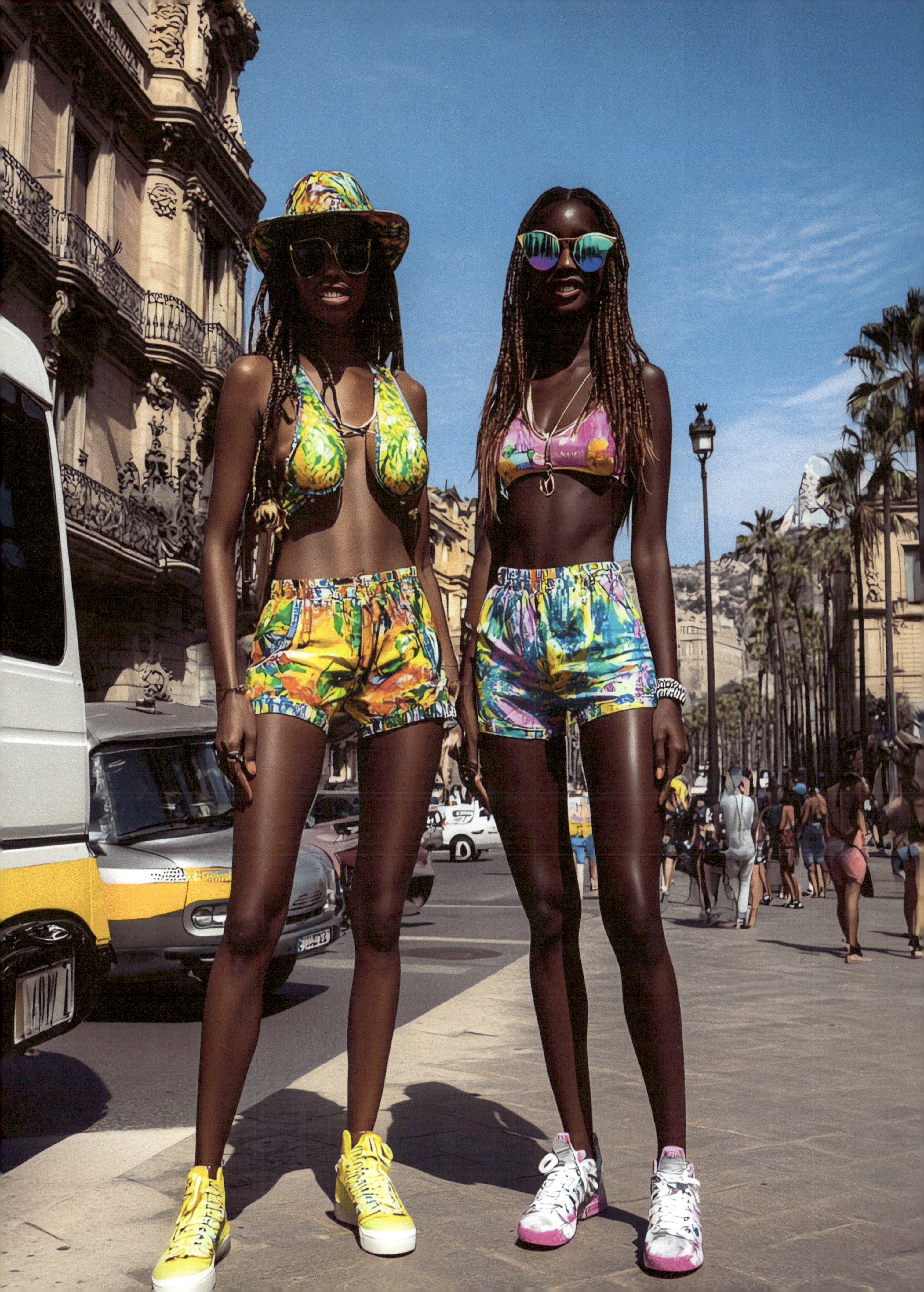

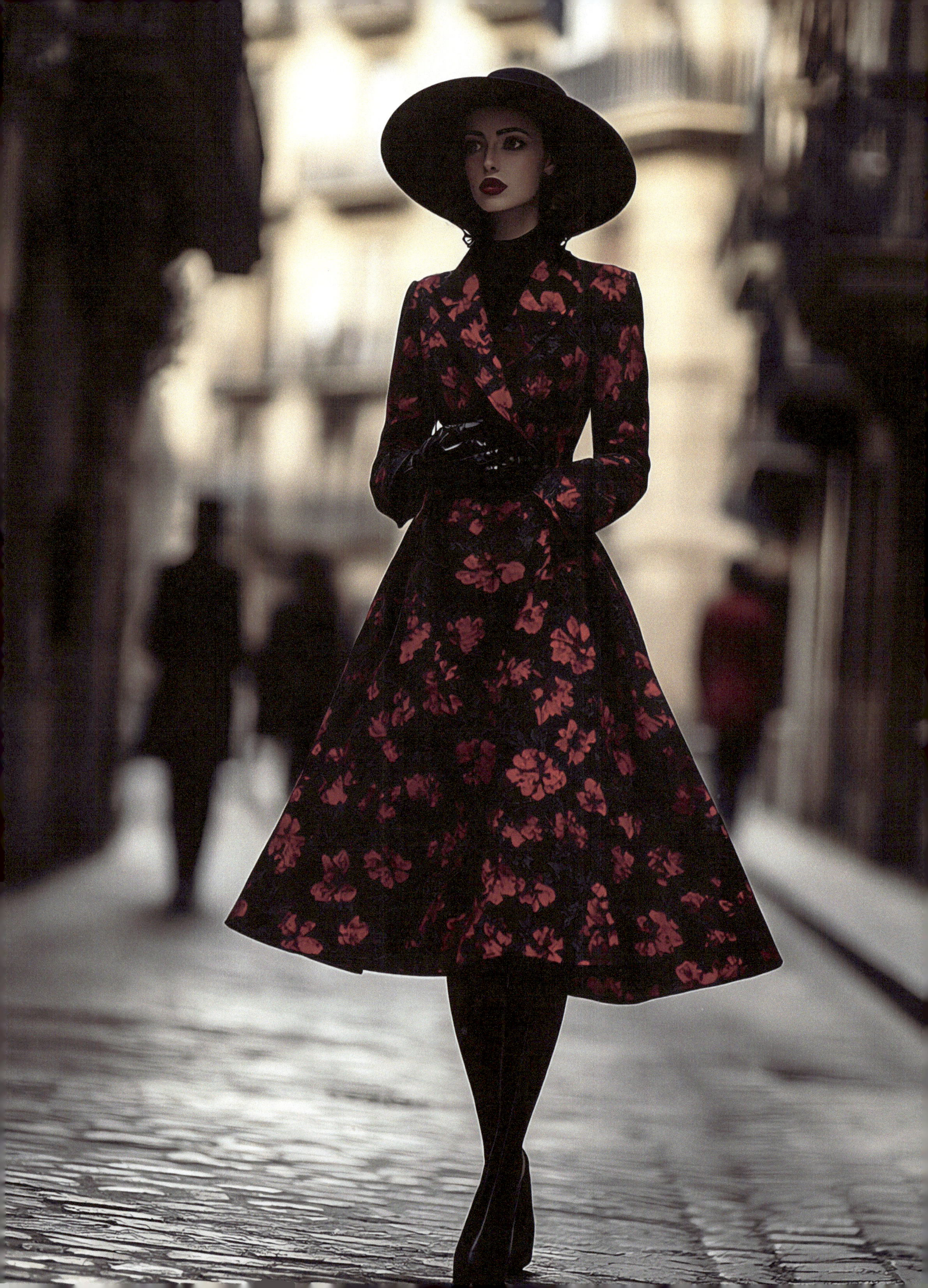

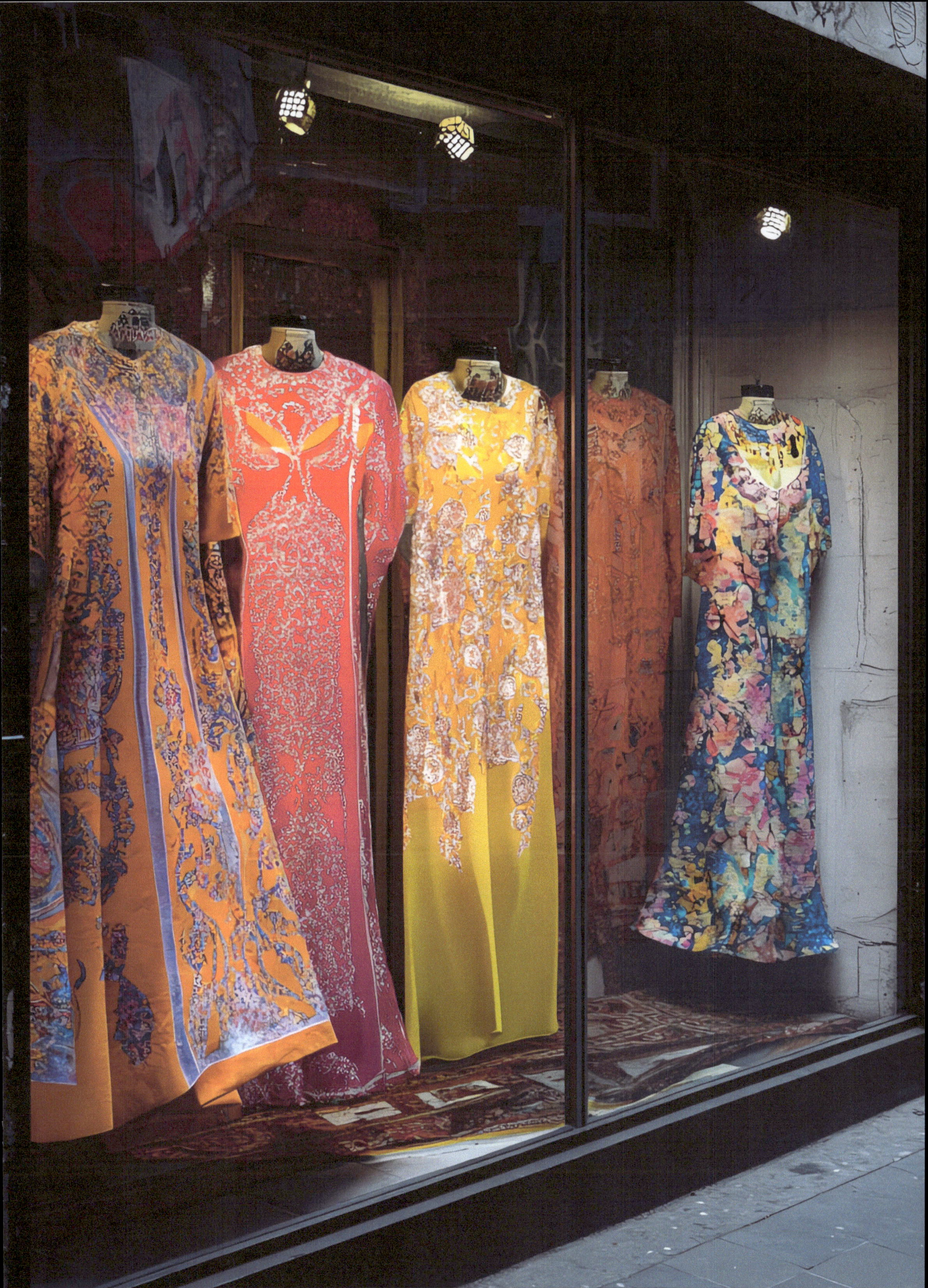

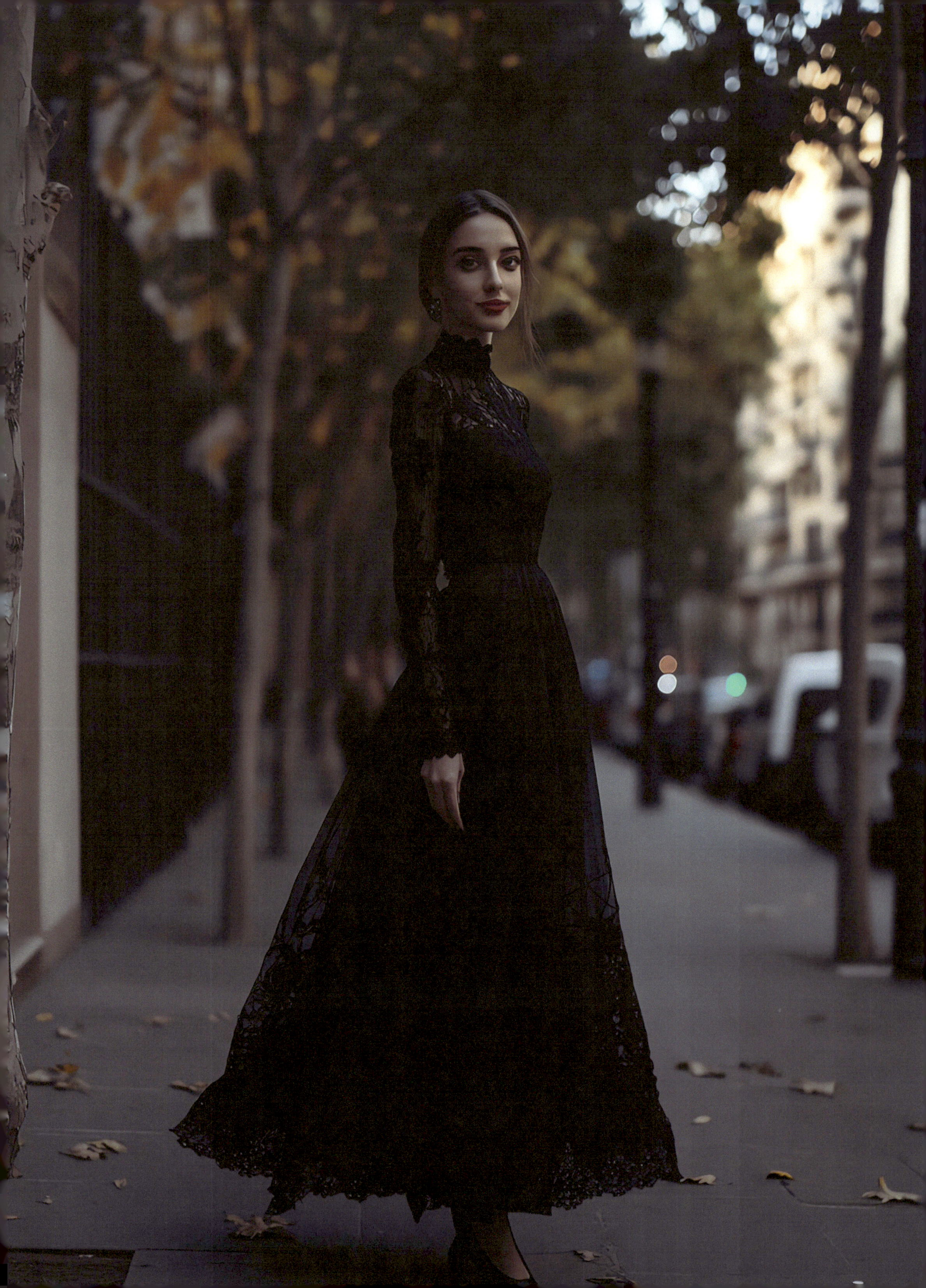

www.ingramcontent.com/pod-product-compliance
Lightning Source LLC
Chambersburg PA
CBHW040424220526
45473CB00004B/1333
9798303478527